パスタは黒いお皿で出しなさい。

1％の人だけが知っている飲食の行動心理学

氏家秀太

日本実業出版社

はじめに

「ブッフェ形式のレストランで白ではなく、あえて黒のお皿を使うのはどうして？」

「飲食中に席を立った女性客がトイレからなかなか戻ってこないのはなぜなんだ？」

「レストランのメニュー、なぜか3行目のものを選んでしまうことが多い気が……」

「マクドナルドのシンボルカラーと言えば赤。あれって何か意味があるのかしら？」

「いつも予約が一杯の人気店。でも、あの人だけは予約が取れるのはなぜだろう？」


飲食店には、ボーっとしている人は見過ごしてしまうかもしれないけれど、注意深い人、観察力の鋭い人だけが気づいている多くの「秘密」があります。

筆者は、長年、フードビジネスのプロデュース・コンサルティング業務を通して、数々の飲食店経営の現場に立ち会い、飲食業界の変遷を見つめ続けてきました。そうした経験から到達した「飲食の秘密」を公開するのが本書です。

飲食店とは、不特定多数の人が同じ時間、同じ空間を共有する場です。ファミリーレストラン、定食屋、居酒屋、寿司屋、ラーメン屋、ファーストフード、ダイニング、料亭、カフェ、ＢＡＲ――。そこでは日夜、いろいろな人間模様が繰り広げられています。人が飲食店に出かける理由はそれこそ多種多様。ビジネスであれば、大事な取引先との商談や接待の場、職場の同僚と一杯飲みながらグチを言い合う場、プライベートなら女子会や合コン、同期会、ＰＴＡの会合、恋人とのデートの場、お祝い事や法事で家族や親戚が集まる場、ママ友同士のランチ会などなど、それこそ実に様々なシーンを目にします。

そもそも飲食とは、人間の生理的な根幹に関わるものですから、その人々の性格とか内に秘めた心理状態が見事に映し出されるのです。ですから、繁盛店や人気店をつくるには、お客さんの心理を見抜き、そしてそれを逆手にとったサービスやホスピタリティ（おもてなし）をすることがとても重要になってきます。

もちろん、料理そのものの品質、お店の立地や外装・内装、メニューのつくり方、スタッフの教育、お店の清掃や清潔さといった、いわゆる飲食店経営のセオリーはあります。しかし、単にセオリーを真似ただけでうまくいくかと言えば、残念ながら、いまの厳しい時代、それだけでは不十分なのです。

本書にも、そうした飲食店経営のセオリーは書かれています。ですが、本書は単にセオリーだけではなく、そこに潜むお客さんの心理についてフォーカスして解説しています。

冒頭に挙げた５つの疑問にも、それぞれに人間の深層心理が隠されています。詳しくは本文をお読みいただくとして、その人間心理、つまり「飲食の心理学」を応用して、よりハイレベルなサービスやホスピタリティを実現していただきたいのです。

また、本書は単なる「飲食店経営の指南本」ではありません。

飲食に隠された人間心理の数々は、お店を利用するお客さんの立場で読んでも、役に立ち、しかも意外な発見があって面白いことばかりです。きっと一読すれば、「えーっ、そんなの知らなかった！」と驚かれると思います。

仕事と人生で成功する人は、例外なく「飲食」を大切にしています。飲食店経営の裏側やみなさんが知らない飲食の秘密を知れば、もう一段上の「飲食店利用法」を身につけることができ、大切な接待や商談、あるいはデートの場できっと大きな武器になります。

本書を通して、「飲食との向き合い方」を変えてください。そして、飲食店を、ただ単に食事をするだけでなく、自分の精神的な活動のために有効に利用してください。

この本を最後まで読んでいただければ、〝外食〟の見方が劇的に変わり、飲食が１００倍楽しくなって、仕事やプライベート、そして人生がもっと楽しくなると思います。

２０１６年４月

氏家秀太

1%の人だけが知っている飲食の行動心理学　パスタは黒いお皿で出しなさい。◉目次

I パスタを黒いお皿で出すのはどうして？

～儲かる飲食店の〝黒い〟心理学～

Ⅱ

思惑どおりに選ばされる!!

～おススメ料理が儲かる理由～　81

V

99％の人は知らない　良いお店、残念なお店を見極める方法　213

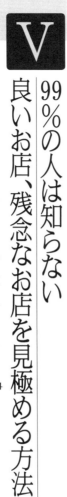

※本書に記載されている社名、ブランド名、商品名、サービス名などは各社の商標または登録商標です。本文中に©、®、TMは明記していません。
※また本書中には、サイゾー社運営の情報サイト『Business Journal』に筆者が投稿した連載記事の一部を加筆・修正したうえで掲載しています。

装丁／志岐デザイン事務所（萩原 睦）
本文DTP／一企画

I

パスタを黒いお皿で出すのはどうして？

〜儲かる飲食店の〝黒い〟心理学〜

女性客がトイレで必ずする〝ある秘密〟

飲食店でデート中に彼女が席を立ったとき、「なかなかトイレから戻ってこないな」と思ったことはありませんか？

あれこれ想像をめぐらして心配になり、「そろそろ見に行こうか!?」「助けにいくか！」――。でも、あなたが女性ならまだしも、男性が女性トイレに押しかけるなんて……できないし、と思っているうちに、ケロッと戻ってくる彼女!!

このようなケースが多いことを受けて、筆者の会社で、「飲食店における女性客のトイレ利用用途調査」を実施したことがあります。調査の概要は、下の表のとおりです。調査結果は後ほど紹介します。

飲食店における女性客のトイレ利用用途調査の概要

調査対象：飲食店を利用している20代～40代の女性300名

調査場所：「カーヴ隠れや」首都圏店舗（店舗アンケート）

調査項目：

問１　飲食店のトイレを通常の用途以外で利用したことがありますか？

問２　その中で特に複数回したことは何ですか？

問３　飲食店のトイレに求めることは何ですか？

※問１と問２で選ばれたものに１ポイント、問３で問１に選ばれた理由に関することに１ポイントとする。

■女性客がお店を選ぶ一番の理由

さて、女性が入りやすいお店の第一の要素は「清潔」。これは昔から変わりません。ただ、これは「おしゃれ」とは違います。おしゃれすぎると、高級店だと思われて、敷居が高くなってしまうことがあるからです。

最近は、飲食店も内装工事にそれほど費用がかけられなくなっていますから、お金をあまりかけずに清潔さや洗練さを出すために、内装デザインに工夫を施すことがかなり多くなってきました。もちろん、ただ単に、清潔で洗練されていればよいかと言えば、それだけでは不十分です。女性客に対しては、清潔であることに加えて「清潔感」が必要です。

「清潔」と「清潔感」は似ているようでも少し違います。前者が事実の問題に対して、後者はお客さんがどう感じるかが問題になります。清潔感のないお店には誰でも行きたくないもの。特に女性はその傾向が強く見られます。店舗の「クレンリネス」を徹底するのは当たり前。ホコリや指紋の目立つガラスと鏡は拭き上げ、だらしないイメージを与えないよう、特にレジ周りは整理整頓が必須です。ここで、クレンリネスとは、「清潔で、安全で、快適な状態」を意味します。実際、飲食店での現場では、クレンリネスを最も重視しています。極端に言えば、赤字店の改善策を考える際には必ず「クレンリネスを徹底しろ！」という指導が飛び交っているのです。

飲食店のクレンリネスは食べ物を扱っている以上、これ以上掃除するところがない、というぐらいまで徹底されなければなりません。もちろん、飲食店においては、不潔であれば売上は下がりますが、ただ清潔にするだけで売上が向上するかと言えば、実際はそうではありません。

「清潔感」とは、ただクレンリネスを徹底するだけでなく、お店全体の空間の雰囲気まで、考えて完成させるものなのです。

余談ながら、いまは経営に苦しんでいますが、多くの飲食店ではマクドナルドをクレンリネスのお手本にしていました。かつて同社の各店舗では、清掃が行き届きにくそうな場所に100円硬貨を隠し、スタッフはそれを見つけながら（見つけたら、ご褒美を与えて）隅々まで清掃させるなど、特にクレンリネスに力を入れていたからです。

しかしながら、いまは逆にマクドナルドのクレンリネスの低下は激しく、それが現在の売上不振の要因として考えられています。もちろん、昨今話題になっている食材の問題、異物混入問題についても、マクドナルドの場合は、クレンリネスが疎かにされた結果であると思います。同社のクレンリネス低下の発端は、本部による商品開発・販促企画が当たりに当たって成功したので、各店舗が本社の指示どおりに売ることばかりを考え、クレンリネスという基本を疎かにしたからではないでしょうか。再度「バック・ツー・ザ・ベーシックス」の姿勢で見直さなければ、同社のV字回復は期待できないと思います。

ところで、最近の飲食店では、特に清潔であることに加えて、その雰囲気や機能まで考えなければならなくなったスペースがあります。それは化粧室、すなわちトイレです。ここ数年、トイレのあり方も機能も劇的に変わってきたと言えるでしょう。

筆者の会社で実施した別のアンケート調査でも、女性客が飲食店を選ぶ基準のトップ3は、「お店の雰囲気」「トイレ」「禁煙」でした（禁煙は、6年前から急上昇してきたキーワードです。「喫煙できないと飲食店は儲からない」と言われた時期もありましたが、いまは逆に、禁煙でないお店は苦戦する可能性が高くなります）。

以前、全国のちょっと変わったトイレを取材したことがあります。実際に結構変わったトイレをつくってきた筆者でも驚きのトイレは、次のようにたくさんあります。

・塀に囲まれてはいるものの、屋外のガラス張りの「誰かに見られるかも」満載のトイレ
・天井・床・壁がすべてガラスに囲まれていて、周りはジャングルのように植物が置かれている。床の下も緑があふれ、何だかふわふわした感じで落ち着かないトイレ
・ヨーロピアンなバス、大きな白いバスタブ、きらびやかな調度品。その奥にひっそりと

置かれた便器。そして、白いバスタブがなんと手洗いのトイレ

・小便器の上に、女性カメラマンの写真が貼ってあって、その女性カメラマンに上から覗き込まれる感じのまったく落ち着けないトイレ

ここまで不思議なトイレは特殊な例ですが、店を選ぶ基準の定番は「トイレ」。だからこそ、飲食店やホテルなどのサービス業はトイレに対して様々な対応をして、ここ数年、トイレは〝進化〟と〝深化〟を遂げたのです。

女性客のトイレを使う理由 ベスト10

1位	化粧直し（化粧）	533P
2位	メール	192P
3位	ストッキング替え	189P
4位	着替え	182P
5位	考え事（私生活）	124P
6位	休憩	121P
7位	トイレ内の広告を読む	94P
8位	電話	89P
9位	スマホでネット	88P
10位	薬を飲む	67P

清潔感が求められるのは当たり前で、お客さんの清潔感の欲求からトイレのあり方が変わってきたのではなく、「トイレの使い方」が変わったために、トイレの機能が深化したと言えるでしょう。

ここで話を戻して、「女性客はトイレで何をしているのか？」という調査結果ですが、もちろん生理的な使用以外です。ベスト10は右上の表のようになりました。

トイレでスクワット?

筆者の会社では、このようなアンケート調査を何回か実施していますが、かつては一度もランクインがなかった「休憩」が第6位に。また「メール」も堂々第2位に躍進し、トップ3に入りました。明らかにここ数年、女性客のトイレの使い方に大きな変化が起こっています。「休憩」が急上昇した理由として、「俺のイタリアン」など女性客向けの立ち食い飲食店が増えて、単にトイレで休みたい、という行動パターンが増えたことも大きいでしょう。また、最近のトイレは広くなり清潔感も向上したので、〝休み〟やすくなったのも一因です。同行した連れとの関係で客席から一時的に逃れたい、というニーズもあります。「メール」もそう、客席で連れの前ではメールができないから、トイレでメールをゆっくり打ち込むといったケースもあるでしょう。

このように、最近のトイレは「携帯で話すところ、メールを打つところ、ネットを覗くところ」としても使用されることが多くなっているのです。その他、着替えやストッキングを替えることが驚くことに上位にきています。以前、筆者がプロデュースしたお店で、トイレが詰まったことがありました。洗浄レベルでは詰まりが解消されなかったので、配管を調べたところ、なんと、下着が一杯詰まっていました。「なぜ下着を流すの?」

……。女性のトイレの利用用途は謎に包まれています。

このベスト10を見ていると、我々男性にとっては、「いつも、そんなことをしていたの？」と少々ビックリしますよね。今回、ベスト10には入らなかったものの、「運動」もかなりの回答数がありました。確かに、トイレでスクワットをしていた女性客を見たというお店の女性スタッフもいました（笑）。また定番の化粧直しが今回も第1位、まさに、女性のトイレの利用用途は「用を足す」だけでは〝足りない〟ようです。

飲食店においては、Q（Quality：質）、S（Service：サービス）、C（Cleanliness：清潔さ）が大事で、この3つが高いお店が繁盛すると言われていましたが、いまはさらにアトモスフィア（Atmosphere：空間づくり）のAが要求されています。以前はC（清潔さ）を確認するのに「トイレを見ろ」と強く言われていましたが、いまはそれだけではダ

女性客のトイレへの要望で多かった項目

・照明の電球の種類は明るく、白いほうが良い
・化粧ポーチの置くスペースがほしい
・油とり紙、綿棒などの化粧補助備品のサービスがほしい
・爪楊枝がほしい
・鏡が大きい
・洗面スペースと独立していること
・椅子があること
・個室があったら最高
・ある程度の広さがほしい
・化粧の環境が整っている
（基礎化粧品、ドライヤー、使い捨て歯ブラシなど）
・ゆったりしていて、混まないこと
・鏡の前に荷物が濡れずに置けること
・男女別になっている

メで、トイレを見るのは最終的にはA（空間づくり）を確認するためなのです。清掃が行き届いているかどうかだけでなく、トイレは新しい役割を持った〝快適性〟をも提供できているかどうかが、いまは求められているのです。

また最近では、大手Ｗｅｂグルメサイトの検索条件に「パウダールーム（女性用化粧室）あり」という項目を新たに加えたところもあり、女性客のパウダールームへの関心が高まっていることがうかがえます。先ほどのアンケートの問３の「トイレに要望すること」の回答として、化粧直しにまつわる利便性が多く挙げられていました。したがって、飲食店経営者は、「女性客の化粧直し」に対する意識を高めて、トイレの照明を明るくするなど、対策を講じるべきでしょう。

ちなみに、トイレへの要望として多かった項目は前ページの表のとおりです。

儲かるお店はマイナスの要素をあえて入れて話す

話は変わりますが、セールストークで一生懸命説得する。広告でも商品の良いところをアピールする。

しかし、そうしたとしても実際、商品はなかなか売れません。料理だって一生懸命、「今日獲れたてのエビはいかがですか？　アワビは？」とアピールしても、なかなかお客さんは注文してくれません。「トークや宣伝文句を見直しても特に悪いところはない気がする」「キャッチコピーも、こだわりも悪くない」「アピールポイントも外していない」……。だけど、注文はしてくれないのです。

みなさんも、実際にお店に行くと、最初の注文前に籠に載せられてきた、いかにも新鮮そうな海産物を勧められた経験があるでしょう？　でも、なかなか注文しませんよね？　逆にどんどん注文の取れるトークがあります。それは、宣伝のときに、ある「スパイス」を効かせているからなのです。ひとつ例を挙げてみましょう。

「仕入れ数が少ないから、一人１本でお願いね！」

この何気ない言葉には、たくさんスパイスが効いているのです。以下、スパイスを効かせる宣伝の手法を詳しく紹介します。

〝2人称〟は「あなたを大切にしています」というシグナル

飲食店は、お客さんを説得するために、お店やメニューの良さをアピールして、料理の美味しさをお客さんに想像させ、それを良いイメージで記憶させ、来店やオーダーに結びつけようとしています。相手を説得する過程では、このような一連の流れがあります。

確かに、相手を説得するには、相手にとって有益な情報を提供することは欠かせないでしょう。しかし、それだけでよいのでしょうか？　有益なものだけを与えればうまくいくのでしょうか？　実は、それだけでは不十分です。説得したい相手を、注文あるいは来店といった具体的な行動に突き動かすためには、以下に列挙するような「説得力を高めるポイント」を押さえる必要があります。

①　まずは、注文や来店する「理由」を伝えていく

人が何かを購入しようとするとき、根底にある3つのキーワードがあります。それは、「健康」「お金」「セックス」にまつわること。消費行動の根源には、この3つの要素があります。そして、これらの優先順位は「誰が」の主体が決まれば、おのずと決まっていきます。中高年層なら、やはり「健康」が一番です。もう少し年齢を重ねれば、年金問題や医療費の問題、老後に必要な「お金」が心配になるかもしれません。

②　必ず「2人称」で語りかける

人は、呼べば振り返りますよね？　だから、文章やトークの中に、「○○さん」とか「あなたへ」というように、直接訴えかける表現を入れていきます。

「こちらへご案内します」よりも、「○○様、こちらへご案内します」と言ったほうが、受け手はしっかり言葉が頭に入ってきますし、自分を個別の客、つまり〝個客〟として対応してくれていると伝わってきます。ある旅館では、お迎えから夕食が終わるまでに、お客さんの名前を最低9回呼ぶようにしています。これも、お客さんをその他大勢のうちの一人ではなく、〝個客〟として、もてなそうという気持ちを伝えるためです。

マイナス要素が勝手に希少性と誠実さをアップしてくれる

③　お客さんを引き込むには、より具体的な「数字」を入れる

「産地から直送。10時間で到着」「本日限定100個入荷。あと残り20個」など、具体的な数字を入れて表わすことで情報の信憑性がより高まります。

④ マイナス材料とプラス材料を組み合わせてノスタルジーに訴える

お客さんのココロの壁を取り払うためには、単に宣伝をするのではなく、お客さんのお役立ち情報として伝えていくことが必要です。

それには、プラス材料を出すだけでなく、マイナス材料もあえて入れるのです。マイナス材料とプラス材料の絶妙な組み合わせが説得力をアップさせるコツなのです。

例えば、信頼感を与えるために、あえて軽いマイナス面も付け加えると、PR（プラス面）の信憑性が高まります。例えば、「あまり仕入れができないから、一人1本でお願いします」とすれば、仕入れが十分にできないというマイナス面が、〝希少性〟というプラス材料に変わるのです。実際、こう言われたら、思わずオーダーしたくなりませんか？

いまの時代、ただ安いだけでは、お客さんは注文してくれません。すなわち、お客さんに注文する価値を理解してもらえれば、注文してもらいやすくなるということです。

このように説得力を上げるポイントはたくさんありますが、④が特に大切です。

誰しも、オイシイ情報ばかりをお客さんに伝えたくなります。そこを、繁盛しているお店はぐっと我慢しています。オイシイ情報ばかりだと、相手は「そんなにうまい話があるわけないだろう」と警戒し、マイナス材料を隠しているのではないか、と疑い始めるからです。だから、相手を説得するときには、あえてマイナス材料を織り交ぜておくのです。「実は、これは型落ちで安いんですよ」

こう言えば、お客さんに「わざわざマイナス面を教えてくれる正直な人ね！」と思わせることができ、「そんな正直な人が提供してくれる情報は当然有効に違いない」ということになり、逆に信頼感を得て説得力が増す、というわけです。

なぜ「本日18時より限定100個」を連発するのか？

前節の「説得力を高めるポイント」の③でも述べたように、具体的に数字で表わすと、相手に対して説得力が増します。

飲食店における販促を考えるとき、何をPRしたらいいかはいつも迷うところ。「ビールが安い」「商品のデザインは評判がいい」「あなたの生活を豊かにします」など、お店や商品のウリはたくさんあるでしょう。でも、これらの表現ではありがちで、この程度のことなら、どこのお店でもウリにするでしょうし、そのうえ表現が抽象的で、これでは他と〝差別化〟できているとは言えません。

すなわち、相手と交渉する際に説得力を持たせるポイントとして、いかに具体的に表わすかということが重要です。

よく販促のキャッチコピーで、「90％以上の人に……」「1か月間で変化が……」「最高の1／125秒シャッター……」「マイナス体重5キロ……」など、数字にまつわるデータを見たことがありませんか？「大部分の」「短期間で」などという漠然とした表現は使っていません。より具体的なイメージを伝えるようにしているのです。

このように、お店や商品のウリがあれば、それを「目につく、具体的、インパクトがある、わかりやすい」方法で表現すれば、他の商品と差別化できます。それには数字に置き換えるのが効果的なのです。自店のウリを「数字で表わす」ことを、飲食店では特に注力する必要があります。

さて、どんな数字だと、お客さんにインパクトを与えることができるのでしょうか？

数字の大小であれば、基本は大きいほうがよいでしょう。ただし、数字が小さいことで希少性を出せるケースもあります。また、新旧の年数を表わす表現は両方使えますが、古いほうがバリエーションが多いし、インパクトを出せます。例えば、「創業大正12年」などです。逆に、新しいほうの数字で言えば、「最初の1名様」「1周年記念」などがそうです。次ページの表に具体例をいくつか挙げましたので、参考にしてください。

数字を使った宣伝文の例

・創業〇〇年　・開店〇周年
・客席数〇〇〇席　・個室〇〇部屋　・先着〇〇様
・サービススタッフ〇〇名　・フランスで〇年修行しました
・顧客数〇〇〇名達成　・アクセス数〇〇〇名突破
・秘伝〇〇年のタレ　・限定〇個　・オーダー率80%
・リピーター率99%　・採用率〇〇%　・成功率〇〇%
・つかみどり記録〇個　・販売数〇〇突破

しかし、どの項目もなかなか思いつかない、自分のビジネスには当てはまらないなどと思われるかもしれません。その場合は、「ピーク時の数字」を前面に出すようにしてください。例えば、一日に80人来店するお店と仮定すると、その数字自体にはインパクトがありません。仮にピーク時に80人のうち60人が来店しているのなら、「1時間で顧客数60人来店!」とすれば、インパクトが出ますよね? 他にも、忙しい時間帯にもっと絞って表現(単位)を変えて、「10分で20人来店」などと言い替えることもできます。PRが上手なお店は、ポイントを絞って表現(言葉の使い方)を工夫しているのです。

NO・1系の数字も効果はあります。ですから、NO・1をうたっているお店が結構多いのです。その例を次ページの表に挙げておきます。

しかしながら、NO・1であったはずなのに、退店してしまったお店もあります。せっかくのNO・1も効果的にPRしてお客さんに受け入れられなければ、ただの独りよがりだったということです。

それにしても、近年は飲食店の出退店が異常なほど早くなっています。毎年出版される飲食店のガイドブックで紹介されたお店の3分の1は2、3年後には退店してしまいます。ガイドブックに載るぐらいだから、繁盛店だったとは思うのですが……。実際、いまの飲食業界は、新規店の半数が一年後に退店してしまう厳しい世界なのです。

ここで、左の表をよく見ると、「オロチョンラーメン　利しり」の「日本一まずいラーメン」というユニークなキャッチコピーがあります。これは、「一番まずい」「2番目に美味しい」など、奇をてらって逆手に取ったNO・1に対抗するコピーを使う手法です。たいてい、「まずい」と言っても、本当は味に自信のあるお店がほとんどで、あえて自信の裏返しを何となく訴えているのです。

N0.1をうたっている飲食店の例

■楽韓堂　心斎橋店（大阪）
日本一の生レバーがウリ
■隠喰や（千葉）
日本一の唐揚げで日本一の復興プロジェクト！
■オロチョンラーメン　利しり
日本一まずいラーメン
■ahill ginza（東京）
日本一のワインリストで皆様をお迎えいたします
■ビストロ　グルマン（東京）
コストパフォーマンスNo.1
■和の酒　和の膳　ばさら（富山）
日本一の接客（第6回S1サーバーグランプリ優勝）
■SOZAI食堂10（埼玉）
笑顔日本一
■キムカツ　恵比寿本店（東京）
日本一女性客が多いとんかつ屋

また、繁盛しているお店には、「希少性」と「具体性」の双方をアピールしながら販促しているお店もあります。例えば、毎回旬な料理を通常の半額程度で価格設定し、「蒲焼き100人前用意しました。なんと1人前300円。18時スタート！」とアピールするなどです。もう、これは行くしかないですね！

テキトウな指摘でも信用されるワケ

「質問力」を駆使すれば、「自分のことを理解してくれている」と相手に思わせることができます。そのときのポイントは、〃テキトウに何かを指摘する〃ことです。テキトウなのに、自分に好感を持ってもらえるのです。

飲食店では、どのお客さんともうまく会話ができたり、会ったばかりのお客さんなのに、上手に会話ができるスタッフがいますが、彼らは、この「テキトウ」を取り入れたトークテクニックを使っています。以下、そのカラクリを詳しく解説しましょう。

まず、あなたに質問です。次ページの表のそれぞれの質問について、当てはまる場合を「5」、まったく当てはまらない場合を「1」とし、1～5までの5段階で自己評価してみてください。

性格診断用の質問の例

問1　あなたは他人から好感を持たれたい、ほめてほしいと思っている。それにもかかわらず、自己を批判する傾向にあります。
問2　あなたはなるべく物事を客観的に分析しようとします。しかし、ときにはルールに沿って仕事をするのが苦手なときがあります。
問3　あなたは弱みを持っているときでも、普段は克服しようとしています。
問4　あなたは、直感的に状況を見極め、気を配ることがあります。でも、大きな組織では時には邪魔が入ることがあり、不快に感じることがあります。
問5　あなたは生かしきれていない才能をいくつか持っています。
問6　あなたは人間関係において、できれば和を尊び人に合わせて調和を大切にしたいと考えています。ただ、そのために受け身だと思われてしまうことがあります。
問7　外見的には非内省的ですが、内心ではくよくよしたり、不安になる傾向があります。
問8　ときには、正しい判断や正しい行動をしたのかどうか疑問を持つときがあります。
問9　あなたはある程度の変化を好み、制約や壁に直面したときには不満を抱きます。
問10　人のために尽力することが自分に求められていることのひとつであり、または、そうすることで、やりがいや幸福感を得られます。また、人見知りの傾向やシャイで繊細な部分も持っています。
問11　あなたは社交的で愛想が良いときもあり、その一方で内向的で用心深いときもあります。
問12　あなたの夢には、やや非現実的な傾向のものもあります。

この質問を、筆者が講師を務めるセミナーの受講者約300名に対して、それぞれ当てはまるかどうかの5段階評価を聞いてみました。その平均値は、いくつだったと思いますか？

なんと、4・14点！

4点を超えたのです。つまり、この質問項目のほとんどは、「自分に当てはまる」と思われているということです。なぜ、こういう結果になるのか、種明かしをしましょう。

実はこの質問は、すべて筆者が性格占いや星占いを参考にして作文したものなのです。しかも、それぞれの占いで違うタイプとして紹介されていた性格や特徴を組み合わせていいます。要するに、個人の特徴を、違うタイプの性格や特徴をかき集めてテキトウにつくったにもかかわらず、ほとんどの人が「自分に当てはまる」と思ってしまうわけです。

この手法は、アメリカの心理学者のバートラム・フォアラーが１９４８年に行なった実験を参考にしたものですが、人は誰にでも当てはまるような一般的な記述が、すべて自分だけに当てはまるように受け取ってしまう傾向があることを示しています。この傾向は「バーナム効果」と呼ばれ、占星術師、占い師、霊能力者などに、はじめて会った人（相手）の「心を読み取れる」と相手に信じ込ませる話術「コールド・リーディング」というテクニックとして使われています。

ここで、「コールド」とは事前の情報がないこと、「リーディング」とは心を読み解くことを意味し、相手に関する情報がなくても、相手の様子を観察して会話の中から何気なく相手の情報を聞き出すことが「コールド・リーディング」です。最初は探りを入れつつ、皆に当てはまるような質問を続け、その中でヒットする情報を会話に組み込むようにすれば、相手は当たっている情報だけをわざわざイメージとして記憶に残してくれます。これは「選択的記憶効果」と呼ばれるもので、外れていることはあまり記憶に残りません。

飲食店でもデキるスタッフは、この会話術を心得ていて、適度に「テキトウな質問」をお客さんに投げかけて、そのお客さんとの距離感を縮めていきます。

あなたも先ほどの表に示した質問内容（文例）を参考にして、初対面の人に会った早々に「テキトウに指摘する」ということを実践してみてください。では、何を指摘するのか？それは相手の性格を指摘すればよいのです。

「君、松嶋菜々子に似てるって言われない？　つめの形が」などと、高田純次さんのように相手をテキトウに褒めるのは疑問ですが、「性格占い」ふうトークを組み入れればよいのです。占いと言っても、本格的なものである必要はなく、簡単な性格診断レベルで構いません。「いつも社交的ですけど、実は繊細なところがありますよね」「エネルギッシュな方ですけど、やさしいところがありますよね」など、誰にでも当てはまりそうな、当たり障りのないことでよいのです。

実は、これは心理学を応用しているものなのです。人は、誰にでも該当するようなあいまいで、一般的な性格を表わす記述でも、それを自分だけに当てはまるものだと捉えてしまうのです。テキトウに性格を指摘したとしても、性格を言い当てられたと思った相手は、「この人は本当の自分を理解してくれている」と錯覚してしまいます。そして、絶大な信頼を寄せてしまうのです。

〝意外性〟で魅了されてしまう

「今日は、ビシっとコックコートか」「そう言えば、このお店の店主、前回来たときはアロハシャツだったかな?」「お、今日のおススメは、『カモのワイン煮』か～。え、フレンチ?」「そうだよなぁ、いつもこのお店には驚かされるよ!」。

このように、行くたびに毎回驚かされるお店ってありませんか?

うれしいサプライズのあるお店にはまた行きたくなります。飲食店では、〝意外性〟は昔から重要なテーマなのです。

押しつけから感動は生まれない

成功事例をただ真似するのではなく、付加価値を高めなければ、いまの日本では利益が出しにくい。そこで、付加価値を一挙に高めるには、「意外性」がひとつのキーワードになります。意外性のあるキャッチコピー、意外性のある商品は話題になりやすく、思わぬヒット商品につながる可能性があるのです。

特に、最初から話題になる商品よりも、後から話題になる商品のほうが、ソーシャルメディアでは話題になりやすいため、このいわば〝利用後の意外性〟に注目して、商品開発やサービスを提供していくこともポイントになります。

もちろん、ここで言う〝意外性〟とは、「期待を裏切られた意外さ」ではありません。オイシイ商売になるには、お客さんが前もって抱いていた期待を上回る満足感を得ることが必要。期待を上回れば、それはお客さんの感動を生むからです。ただし、「意外性＝押しつけから生まれる感動」的なサービスや商品になってはいけません。

以前、筆者が有名ダイニングのお店にカップルで行ったときのこと。入り口でそのお店のマネージャーが紳士的に迎えてくれて、高級感あふれる装飾品で飾られた薄暗い通路を通って客席フロアまで案内されたのです。１００坪はあろうかというフロアの入り口で急に彼は立ち止まりました。そして、「氏家様２名様！　いらっしゃいました!!」と大声。また他のスタッフもそれに呼応して「いらっしゃいませー」と、とんでもないテンション、場違いな大声で歓迎されました。この意外なおもてなしに「お忍びならどうするの?・(笑)」と、少し戸惑った記憶があります。

また、あるイタリアンのお店で若い女性スタッフに席に案内され、案内が終わったらその女性スタッフが近寄って来て、名札を指さし「○○と申します」と……。よく見たら名札がイタリアンとは似つかわしくないハデハデなもの。狙ってやっているのでしょうが、これも意外ではありました。

このような例は確かに意外ではあるものの、何の「感動」もありませんよね。決して「意外性」は、押しつけや単に驚かすことではないのです。この間違いに気づかないお店やスタッフが多すぎます。

飲食店では常に「感動」がテーマです。東日本大震災後、一般社会では、共感やエシカル（倫理的）な事象が流行っていましたが、飲食業界では震災前から、「感動」が、ずっと主要なテーマだったのです。飲食店における感動には、次の3段階の変遷があります。

第1段階（押しつけ型）：ひたすらお客さんを満足させるために、一生懸命感動させせようとする

第2段階（仕掛け型）：お客さんの立場に立ち、マニュアルから脱却しつつカスタマイズされた感動をつくる

第3段階（感動共有型）：双方向を重視した、コンサルト（個別に提案）された心と心

をつなげて感動を共有する

サプライズを重視したバブル時代のころが第1段階、ちょうど「居酒屋甲子園」が始まって景気もそこそこ良い状態で続いていた10年前ぐらいが第2段階、震災後のいまは第3段階の「感動共有型」がテーマとなっています。

このような時代背景もあり、お客さんとお店との絆をより深くして互いに共感し合って、お客さんに感動してもらうサービスを提供するために、筆者がプロデュースするお店は現在、4Eをテーマにしています。4Eとは、「Enthusiasm」「Entertainment」「Engagement」「Experience」の頭文字を取ったものです。

Enthusiasm（感動的情熱）は、テクニックでも理論でもなく、自分が一番情熱を燃やせる感動とは何かを探すことです。Entertainment（感情デザイン）は、「期待を上回る」「期待を絞る」「期待を超える」をデザインすることです。Engagement（絆をつなぐ）は、お客さんとより強固な絆を築くことを第一にして、何を売るかではなく、何のために売るのかを考えることです。Experience（体験を生み出す）は、お客さんがどんな料理を食べたのか、お金をいくら使ったのか、というよりも、そのとき、お客さんはどんな体験をして満足したのかがより重要だということです。

これらの4つのEが実現できてこそ、お客さんに感動あるサービスを提供できるのです。

この4Eをサービスの基準にして、仕掛けではない感動をお客さんに贈りたいものです。

意外性で相手の期待を超える

では、飲食店の料理について、〃意外性〃のある例を取り上げてみましょう。

- 関西風のお好み焼き屋では、他店から出前を取ることができ、いろんな味が楽しめる
- 都心にある居酒屋では、店主がフレンチ店での修業の経験を持ち、「居酒屋でフレンチが楽しめる」という意外性が女性客に注目されている
- ある寿司居酒屋では、女性客を意識したトッピング寿司というメニューがあり、好きなネタで一品つくってくれる創作性が想像を超える意外性になっている

こうした人を惹きつける〃意外性〃の付与に成功した事例に共通する要素は何か？

それは、受け手側の期待度数を上回ったこと、つまり、受け手側が「そのことを予想していなかった」ということです。

〝本サービス〟と〝付加サービス〟という2つのサービスの違いから、そのカラクリを考えてもらえばわかりやすいと思います。例えば、デートに誘ったら相手に楽しい体験をしてもらいたい。テーマパークでは遊戯施設やアトラクションを楽しんでもらいたい。これが「本サービス」。相手に満足してもらうために誰もが〝本サービス〟そのものの質を上げることに注力すると思います。しかし、本サービスはそれを受ける側の期待度もそれなりに高いので、それだけで相手を満足させることは容易なことではありません。

そこで、〝付加サービス〟が生きてくるのです。付加サービスとは、「本サービス以外に提供されるプラスα」のことです。例えば、「彼氏がデートのときにサプライズでブーケをプレゼントする」「美容院にカットに来たお客さんにハーブティーをサービスする」。どちらも、受ける側がそのサービスを受けることを予想していなかった場合、そこに意外性を伴った驚きが生まれ、それが強い満足感へと変わっていくのです。

お客さんは、お店のことも商品のことも簡単に忘れてしまいます。だから、お客さんの記憶に残るようにするためには、〝意外性〟がフックとして必要になるのです。

相手の「期待を上回る」「期待を絞る」「期待を超える」。これをデザインすること。これは、何も印刷物のデザインのことを言っているのではなく、自らの行動に対する設計デザインのことです。常に、自分にかけられている期待にどのように応えるかが、相手の記憶に残るポイントです。忘れてはいけないことは、記憶に残り「相手との絆を深くする」ことが目的であり、ただ単に驚かせてビックリさせることではないのです。

したがって、「お客さんとより強固な絆を築くには何を売るかではなく、何のために売るのか」ということを常に考えなければなりません。期待をはるかに超えて、お客さんがどんなサービスを期待しているのか、その商品の効用は何かということを考えるのです。そして、お客さんがどう楽しんだのか、そのとき、どんな「体験」をしたのかがより重要なのです。〝意外性〟と〝すばらしい体験〟をセットで考えなければならないのです。

例えば、「居酒屋で格安フレンチ！ フレンチが気軽にいろんなお酒で楽しめる」。このような「不調和」がお客さんにとっては意外に心地良いものなのです。

お客さんが来店するたびに毎回違った意外性を感じれば、付加価値が高まり、お客さんは何度も同じお店に通い始めるのです。

なぜマクドナルドは赤で、マックカフェは黒なのか？

スーパーの売り場の入り口近くには、果物や野菜の売り場が多いと思います。飲食店の入り口も季節感あふれる飾りつけをしたり、色鮮やかな食材、海産物や野菜をディスプレイしたりすることも多いですよね。これらは、人間の深層心理に基づくマーチャンダイジングのひとつです。

人間は「色」から様々な影響を受けると考えられています。商売でも「色」使いについてはいろいろ工夫を施しているのです。これは、「色彩調節」と呼ばれるテクニックです。人は自らが、より快適に生きていくために、周りの環境（住居や職場）が効率的かつ快適になるように、色彩を調節するものです。

ファミレス（ファミリーレストラン）やカフェなどの飲食店では、赤やオレンジなどの暖色系の色は、温かさやポジティブさを感じさせるので、料理の色具合やメニュー帳や内装などまで、よく使用されます。また、反対に青や緑などの寒色系の色は、冷静さやクールさを感じさせるので、ＢＡＲやダイニングなどのお店でよく使用されます。

この節の冒頭で挙げた飲食店の入り口での季節感あふれる色鮮やかな演出は、色がもたらす心理作用をもとに、お客さんの気持ちを高揚させて、ワクワク感を喚起して入店意欲やメニューの購買意欲を高める効果を狙ったものです。

それに似たようなことで、店内に流れているＢＧＭも、かなり慎重に考えて選曲をしていました。少し前までは、有線放送が多くて、選曲の自由度はありませんでしたが、いまは、決められた曲が流れてくる有線放送をやめて、自店でアンプとプレーヤーを用意して、お店にマッチした選曲をするお店も増えました。

これは、デジタルオーディオプレーヤー（DAP）やハイレゾの普及に起因して、より良い音に興味を持ったオーナーや店長が増えたため、あるいは、サードウェーブのカフェブームもあり、BGMにもこだわる業態の店舗が増えたためでしょう。

では、その音の効果ですが、例えばテンポの速い曲を流せば、お客さんの滞在時間が短くなり、一方、ゆっくりした曲を流せば、滞在時間が延びます。その結果、追加オーダー数も増えて、売上が向上します。ちなみに、『蛍の光』がお店で流れれば、お客さんは「あっ閉店だ。早く帰らなければ！」という気持ちになります。

これは、アメリカのマーケティング学者であるロナルド・ミリマン博士が行なった研究によっても証明されています。同博士の実験では、スーパーマーケットで速いペースのBGMを流すと、ゆったりとしたBGMを流したときに比べて、店内の人の流れがスムーズになったり、売上が上がるという結果が得られています。つまり、人間は比較的速いテンポのBGMを聴くと活動性や積極性が高まり、反対にゆったりとしたテンポのBGMを聴くと、リラックスした気分になったり、雰囲気も良くなるという心理作用が働きます。それをもとにして、スーパーなどの小売店では、BGMを売上アップの重要な手段として利用しているのです。

　飲食店ではどうかと言えば、速いテンポのＢＧＭを流すとお客さんは早食いとなり早く帰ってしまい、かえって品数が増えません（お客さんは早く帰るので回転率が高まるというメリットはありますが）。したがって、ゆったりとしたＢＧＭのほうがお客さんの滞在時間が長くなり、注文数が増加します。

　ところで、たまに開店直後のおしゃれなＢＡＲやイタリアンのお店に行くと、やけにお店と音楽がミスマッチで、「あれ？　おしゃれなお店なのに、なぜ懐メロ？」ということがあります。これは、ＢＡＲやイタリアンのお店では通常、ＪＡＺＺやクラシカルなジャンルを選曲するものですが、実は営業前は、スタッフが好きな曲、例えば邦楽ベストヒット的なジャンルやポップ系を選曲して聴いたり、たまに店長が中年だと、おしゃれなＢＡＲには似つかわしくない懐メロなどを選曲して聴いたりしていて、開店後もそのままジャンルを切り替えるのを忘れてしまっているということなのです。飲食店のスタッフには、こういった点も十分注意してほしいものです。

　では、色の話に戻しましょう。

　ピカソは、「色は救いを意味する」と言い、スペイン内戦中の１９３７年に描いた絵画『ゲルニカ』で一切の色彩を排除しました。当初はそれほど評価の高い絵画ではありませんでしたが、戦後は反戦のシンボルとして高い評価を得ました。このように、色には時代を反映したり、人間の気持ちを変える力があるのです。

それは医療の世界でも証明されていて、実は医療施設の内装は、人の皮膚の色を参考にしています。人間の皮膚の色は、光の反射率がほぼ50%と言われていて、ホスピタリティ（癒し）を感じる空間にするために、医療施設の天井や壁、家具の色彩には、50%という光の反射率を大きく逸脱する明度の色合いは使用しないようにしているのです。

色は飲食店のイメージを左右し、お客さんもいつの間にか色の作用によって誘導され、色のマジックに引っかかっているのかもしれません。色を上手に活用すれば、売上や利益、集客力の向上を図ることができるのです。

「形は知性に働きかけ、色は感情に働きかける」という言葉のとおりですね。色の影響力を「パワーオブカラー（Power of Color）」と呼んでいますが、様々な企業のマーケティング活動に利用されています。それは色を選ぶだけなので、大きなコストが余計にかかるわけではなく、手っ取り早い戦略なわけです。

人間の得る情報のうち、約83%は視覚から得られると言われています。さらに、その視覚の約80%は色によって影響づけられるのです。よって、83%×80%ですから、人間の情報の約3分の2は色でつくられることになります。

そこで、日本の小売業や飲食店などのサービス業では、「人間への感情訴求」という方法で、色のマネジメントを行なっています。つまり、色の重要性を認識し、お客さんとのコミュニケーション手段として色を有効に使い始めているのです。

人間は、物体から反射した〝光〟が目に届くことで色を感じます。それによって、視神経を通じて、過去の記憶やイメージを呼び起こし、行動に結びつけていきます。では実際、飲食店は、この「色の心理作用」をどのように利用しているのでしょうか。

色の作用で、お客さんはどう影響されるのか？

・ピンク色

ピンク色は、アドレナリンの分泌を抑制し、神経の高まりを鎮め安心感を与えてくれる色です。ですから、ヒーリング的なBARや、小さいお子様連れのお客さん向けのカフェなどに適しているのです。女性が好む色でもあるので、スウィーツ系や、店内の施設であればパウダールーム（女性用化粧室）などに使用するのが効果的です。

また、愛らしいイメージも強い色なので、ベビーコーナーがあれば、よく使われます。とにかく、ピンクに囲まれると安心感を感じる人が多いと思います。安心感という点から言えばユニフォームにピンク色を使うと、スタッフが悪い人には見えません。さらに、ピンク色には若返りの心理作用もあるので、年配客を呼び込む色として、入り口の演出、POPなどにも多用されているのです。

・オレンジ色

オレンジ色は、飲食店に向いている色のひとつで、お店のどこかには入れておきたい色のトップだと言えます。

オレンジ色は、内分泌腺の活動を活発にします。そうなれば、食欲を増進させる生理作用が働きます。これが、暖色系が飲食店に適している理由です。ただ、実際の内装に使用すると、安っぽさが際立つので、高級店では使用することはまずありません。主に、メニュー帳やPOP、クロス、ナプキン程度で使用します。あと、心理的作用としては、健康的で元気なイメージがあるので、スポーツバーやカフェなどでもよく使われます。

・青色

青色は飲食店でも多用されますが、かなり偏った使い方になり、特定のイメージを演出する目的で使用されることが多いでしょう。青色は、夢と現実の境界線上にある色と言われ、ある種の喪失感と再生の感情を反映しています。内省、沈着、静寂などのイメージがあり、また「好きな色は?」と聞かれると、日本では男女ともに上位にランキングされるのが青色で、多くの人に好まれる色のひとつです。副交感神経を刺激するので、脈拍、呼吸数、血圧、体温を下げ、神経の高ぶりを鎮める作用があります。精神の安定と鎮静作用から不眠症にも効果があります。

言葉で表わすと、平穏、スマート、知的、誠実、クール、クリーン、正確、緻密というイメージになります。ですから、料理には不向きですが、ＢＡＲやカクテル、スポーツバーなどクールなものとは相性が良く、お客さんの気持ちを抑えて集中させたい飲食店には向いています。

また、冷えたイメージを出したいドリンクや生ビール、涼しさを訴求したい夏の季節メニューにも向くでしょう。さらに、青系のユニフォームは、お客さんに対して、誠実で知的な印象を与えます。その一方、ホットで温かいイメージを演出するには不向き。冬季には寒々しいイメージになりますし、食欲にブレーキをかけるために夏以外の季節にはメニュー関係に使用するのは避けたいところです。

・緑色

緑色は、やはり癒し系の色になります。健康やビタミン、野菜などを連想させます。緑色は、赤色に始まり紫色で終わる虹の7色の中央に位置します。中波長の色で、バランスを象徴する色です。森や植物、クリーンな空気をイメージさせ、疲れをとり、気分を安定させ、生命力を回復させてくれると感じさせます。緑色の看板や、店内に植物を置くだけで、お店全体が落ち着いた雰囲気に一気に変わります。

緑色は、自然、環境、癒しをテーマにしたお店にはマッチします。「ザ・ボディショップ」の基調色は深緑で、まさにナチュラルさのイメージを訴求しています。ただし、誰にでも親しみを持たれる半面、中途半端なイメージになってしまうので、使い方には注意が必要です。

・白色

白色はやはり、飲食店でも基本中の基本の色。厨房、バックヤードからコックコートやユニフォーム、店内装、什器などまで、お店の様々なところに使用されます。

白色は可視光線を反射するため、有彩色や無彩色を含むすべての色の中で最も明度が高く、そのため、店内を明るくしたい場合に用いられることが多いのです。

もちろん、清潔感が一番出る色。なぜ、コックコートが白いのでしょうか？　いつも頻繁に食材で汚れる厨房内では、本来白は汚れが目立ってしまうのではないか、と思われるかもしれませんが、その汚れを目立たせるために、あえて白にするのです。そうすれば、衛生的に汚れていない清潔な状態を保つために、毎日クリーニングをしなければなりませんので、クレンリネスの面でも好ましいのです。

・黒色

黒色はやはり、威厳、重厚、高品質などをイメージさせ、高級感が出せます。

同時に、すべての可視光線を吸収する闇の色でもあります。最も明度が低く、重く、あらゆる色彩をのみ込んでしまいます。また、白と対比させることにより、「白か黒か」といった緊迫した雰囲気をつくり出せます。ただ、黒は消化器官の働きを低下させ、食欲を抑える作用があるので、すでにメニューが決まっているコース料理かカフェなどには向いていますが、逆に追加オーダーを狙う業態では不向きな色と言えます。

また、黒色のユニフォーム、すなわち、黒服は店長やマネージャーを連想させます。

黒は、どんな場合でも用いられるベーシックな色のひとつですが、だからと言って、どこかに埋もれてしまうような色ではありません。むしろ、どんな場所でも存在感を放ち、信頼を置かれる唯一無二の存在というイメージを連想させる色なのです。

白と組み合わせることで、カチッとしたシャープさを表現できるので、その組み合わせをBARやアミューズメントカフェで使用するのもよいでしょう。

・黄色

黄色は、大脳を刺激して、瞬発的な学習や集中力、想像力を発揮させます。また、希望、喜び、達成感、未来感、エネルギッシュ、明るく快活というプラスイメージを与えるために、若者が集まるお店に向いています。なお、これと同じ理由で、ミシェル・オバマ米大統領夫人が公の場で黄色の服を着用することは有名でしょう。

一般的には、「赤色」と「黄色」が食欲を引き出し、食べ物を一番売る組み合わせと言われています。赤色は食欲を引き出します。黄色は消化器官の働きを高めてくれます。ですから、飲食店では赤色と黄色の組み合わせがゴールデンコンビなのです。このようなイメージから黄色は、若い人をターゲットにするお店に適しています。

・赤色

赤色は、可視光線の中で最も波長が長く「進出色（近くにあるように見える色）」であるため、遠くからでも目に飛び込んでくる視認性の高い色です。この性質から、ポールサインや店舗看板、レジサイン、メニュー帳、ＰＯＰなど、飲食店のあらゆるところに多く使われます。

また、赤色は交感神経を刺激しますから、脈拍、呼吸数、血圧を上げる作用や、興奮させる作用があります。そのため、タイムセイビング（短時間購入・利用）店、バーゲンセール時のお店などに適しています。しかし、あまり赤を多用しすぎると、チープストアのイメージになりますし、興奮色のため、お客さんが疲れてしまいます。とにかく、赤を主体にしたお店では、お客さんの滞在時間は短くなるのです。

ちなみに、中華料理店などの店の内装・外装に赤がよく使用されるのは、内臓の働きを調節する交感神経を刺激し、胃腸の働きを活発にすることを狙っているからです。

だから、マクドナルドは赤！

また、赤色は人に時間の経過を長く感じさせます。したがって、短時間の買い物が主体のセルフ販売店や、時間制限のあるブッフェ、高い回転数を求めるファーストフードなどの店内に赤色を使うとよいのです。

マクドナルドは、タイムセイビングのお店。すなわち、早く商品を購入してもらって、お店の滞在時間を短くして、お客さんの回転数を上げる商売なのです。

マクドナルドのハンバーガーは1個100円ですが、原価は45円程度です。逆にポテトやドリンクの原価は20円程度です。だから、組み合わせ販売をするのですが、メインのハンバーガーを100円にするのは、150円にしてお客さんの数が半分になるのなら、100円にして倍のお客さんを呼び込もうとするビジネスモデルなのです。

しかし、原田泳幸前社長時代に同社が気づいたことがあります。マクドナルドのある商品がドリンクメーカーのアンケート調査で第1位になりました。何だと思いますか?

実は、100円時代の〝コーヒー〟でした。もちろん、マクドナルドより美味しいコーヒーは他店にもあったと思いますが、「100円で、あの味であれば」ということなのでしょう。CP(コストパフォーマンス)は、マクドナルドがずば抜けていたのです。

そこで、マクドナルドは気がついたのです。14時から18時まで、22時以降はお客さんがほとんど店内にいない。これでは、せっかくのお店の空間がもったいない。だから、「18時までコーヒー無料、パンを販売!」これが、マクドナルドのカフェ戦略の始まりです。

そして、色が赤から黒へ。都内に数店舗「黒マック」が生まれました。黒で高級感と、お客さんの滞在時間を長くする「マックカフェ」が誕生したのです。

そう言えば、筆者の息子が小学校低学年で、友達同士でマクドナルドに行くかどうかを話していたとき、「俺は黒マックだな」という会話が聞こえてきました。黒マックは一品あたり20円程度高いのですが、「その差がわかるのかよ!」と思った記憶があります。

飲食店に限らず、消耗頻度の高い商品、低単価商品、価格訴求商品、お買い得商品などのパッケージには暖色系を使うのが良いとされ、逆にゆっくりと買い物をさせたい売り場で暖色系を使うのは禁物なのです。

また、こんな調査結果があります。コーヒーハウスなどで待ち合わせをしたとき、相手が待ち合わせ時間になっても来ない場合、青色などの寒色系を使った内装のお店よりも、黄色、赤色などの暖色系を使った内装のお店で待たされている人のほうが、時計を見る回数が2~3倍ほど多く、イライラしていたというものです。これは、色が時間の感じ方に影響を与える証明と言えます。

このように、マクドナルドのシンボルカラーが赤なのは、「タイムセイビング」を実現するためなのです。マクドナルドのようなファーストフードの店内に暖色系が多く使われている理由は、利用客が長時間店内に滞在すると、回転率が悪くなり、売上に響いてくるからなのです。逆に、混雑するお店の待合いスペースなどでは、あまり時間の経過を感じさせない寒色系を使うのが良いのです。

パスタと黒いお皿の相性がなぜ良いのか？

飲食店でブッフェやバイキングスタイルのお店は相変わらず人気です。ホテルのレストランでは、ホテルのプライドをかけた激しい競争が繰り広げられています。

しかしながら、原価率の高騰やお客さんのブッフェへの要求の高まりや多様化によって、苦戦するブッフェスタイルのお店が激増しています。

以前では、ブッフェというだけで人気も出ていたものですが、デザートの充実は必須になってきましたし、例えば、「リコッタパンケーキ食べ放題」「タラバ、国産牛フィレステーキ、握り寿司などの高級メニュー」「タコスバー」「クッキーバイキング」「納豆食べ放題」「おでん食べ放題」「北京ダック食べ放題」「高級フレンチ」など、多種多様なブッフェも増えてきました。

これだけ多様化してくると、競争は激化するし、選ぶほうも大変です。でも、ブッフェと言うと、お客さんはどうしても食べすぎてしまいます。

飲食店側から見ると、単に内容の差別化だけでは繁盛しないということがブッフェスタイルの恒久的課題となっています。そして、原価率の押上げには対応できていない。売上が上がっても、それ以上に原価率を悪化させてしまっている状況なのです。

そこで筆者も、日ごろからブッフェのイメージを維持しつつ原価率を下げる方法はないものかと考えていましたが、ブッフェで食べる量を減らすことは単純にはいきません。みなさんもそうだと思いますが、ほとんどのお客さんがいつもの食べ方よりも多くの量を食べてしまうわけですから、材料コストを減らすのはそんなに簡単ではないのです。

そして、気がついたのが、ブッフェで食べる量を減らせれば、普段だって食べる量を減らせるのではないかということ。実は、ダイエットまでできてしまう方法があるのです。これは、筆者のクライアントに協力してもらって実際のブッフェで、お客さんの食べすぎについての実験を重ねて検証することによって証明されたものです。以下、詳しく紹介していきましょう。

① シルバー（スプーンやフォーク）やお皿を小さくする

これはお客さんを錯覚させる方法です。普段摂取する食事の量に関して、人は計算がとても苦手。よほどストイックな人でなければ、チャーハンをスプーン何杯分食べたとか、スープをどれくらい飲んだとか、いくつクッキーをつまんだかを正確に把握して、それをずっと覚えておくことは難しいでしょう。

そこで、食べ物の量を減らすための簡単な方法は、食事をよそうときに、「いつもより小さいスプーン」を使うこと。お客さんは、どうしても大きい器具を使うと、無意識に多くよそってしまうのです。

例えば、ブッフェのアイスクリームをすくうスプーン。実験では、80 ccすくえるスプーン（サーバースプーン）を50 ccのものに替えると、お皿によそうアイスクリームが平均して約19％も減らすことができたのです。いつもと同じ量、回数をすくっているつもりでも、「いつもと変わらない」と錯覚するからなのです。我々は、自分で計算できるほど量に敏感ではないということでしょうか。

アイスクリームに限らず、食べるときのスプーンやフォークをひと回り小さくしてみてください。小さいスプーンやフォークに替えたら、食べる量がいつもよりも少ないと感じるかどうか、満腹度に影響するかどうか、意識してみると、実は、食べた量が2割程度少なくても気づかないのです。ゆっくり、よく噛んで食べれば、より満腹感を感じることは知られています。それほど人の満腹度に関する感覚はあいまいなもので、スプーンが小さくても、同じ回数、口に運べば、さほど量の違いに気づかないということなのです。ですから、飲食店がお客さんの食べる量を減らしたい場合、あるいはご自身がダイエットしたい場合には、まずはスプーンの大きさから変えるべきなのです。

また、ブッフェの取り皿を27㎝から23㎝の少し小さいお皿に替えてみても、全体で9％の量を減らすことができます。これは、1度に載せられる量と、目から入ってくる量の錯覚によるものです。また、何回も取りに行くことは恥ずかしく敬遠されることから、回数自体が増えないので、そのまま一回あたりの量が減れば、減ったままになるのです。

② 色のトリックを使う

先ほど、色についてお話ししましたが、ここでも色のトリックを利用して、料理を載せるお皿の色やお店の内装・調度品の色を変える、という具合です。

使うお皿の色をじっくり考えたことがある人はあまりいないでしょう。実はその色も、食べる量に影響しているのです。例えば、白いパスタ皿を考えてみましょう。黒いお皿に白いパスタを載せるよりも、白いお皿に載せるほうが、22％多くよそってしまう傾向があることがわかりました。なぜか？　何色が良いということではなく、食べ物とお皿の色のコントラストが弱いほど、人は食べ物の量を意識しなくなる傾向があり、つい量を多く盛ってしまう。つまり、お皿の色を変えることにより、お客さんを錯覚させて、自然に食べる量を減らすことができるのです。

ケーキバーなどでは、カラフルなほうを、お客さんはより多く取ってしまう。シンプルな洋ナシタルトより数種類の彩豊かなフルーツタルトのほうが、4倍も出るスピードが速いのです。

このように、人は単色よりもカラフルなほうをたくさん食べる傾向にあるのです。

これは、より多くの種類を食べて「幸福感」を得たいという深層心理が働くから。繰り返しになりますが、とにかく、パスタの例からもわかるとおり、単色の食べ物を「反対色のお皿」に盛ると、量は減るということなのです。

白系の料理を食べるときは、お皿をまず黒色に変えてみると、食べる量が減るということになります。デザートもなるべくシンプルなものを選べば、食べる量が少なくなって、お店側も食材の量が減って原価が低減できますし、ダイエットしたい人も楽しんで痩せられます。

「ちょい触れ」テクニックで、あなたはメロメロ

飲み会や合コンで異性に腕や肩を触られたりしたら、思わず好意を抱いてしまったということはありませんか？

アメリカでの心理学の実験では、適度なスキンシップは異性だけでなく、同性でも好意を持たせるきっかけになることが明らかになっています。

この実験では、街中でアンケートに答えてもらうのですが、腕を触れて答えてもらう人と、どこにも触れていない人に、アンケート中に回答用紙を落とした場合に、回答者が拾ってくれるかどうかを調べたところ、腕を触れられた回答者のほうが用紙を拾ってくれた割合が高かったのです。このことから、少々のスキンシップは好意を持ってくれるきっかけになるということが実証されたのです。

飲食店でも、スタッフが何気なくお客さんに触れる場面があります。

それは、お会計のときです。何気なく、いやらしくなく、あなたに触れています。そう、それは、お釣りをお返しするときです。よくスタッフが釣銭をお返しするとき、片手をあなたの手に添えてお返しするでしょう。実はこれ、「ちょい触れ」テクニックで行なっています。このように、飲食店でもお客さんに好印象を持ってもらうために、さりげなく相手に触る機会を設けているのです。

？サンキューレターにしたためられた秘密

■「サービスのクロージング」が2回目につながる

さて、常連のお客さんから「サービスを良くしろ、料理を美味しくしろ」と言われて、そのとおりにしても、残念ながら、売上が改善されるということはまずありません。多くのお店で「一生懸命サービスを良くしているのに、なかなか売上が伸びない」というのが現実なのです。

なぜだと思いますか？　それは、年に何回も来てくれるお客さんは、そのお店全体の利用客のうちの一部にすぎず、多数派ではないからです。

日常使いの生活用品ならば、同じお客さんが年に何回も購入してくれるかもしれませんが、ちょっとしたレストランや居酒屋となると、毎週のように繰り返し利用してもらうことは至難の業です。

料理やサービスについて、「ちょっと料理がまずい」「料理が出てくるのが遅い」「意外とサービスが悪い」……、そうした不満を言葉にしてくれるお客さんはほんのわずか。料理やサービスに不満を持った人のほとんどは、その不満を口に出すこともなく、そのお店を二度と利用してくれません。

実はこれを、世にも恐ろしい「潜在クレーム」と言います。つまり、お客さんが口に出さない、心の中でつぶやく「言わないクレーム」なのです。

飲食店では、この潜在クレーム対応がお店の運命を左右すると言っても過言ではありません。この潜在クレームを未然に防ぎ、あるいは見抜いて対応できるかどうかにお店の命運がかかっているのです。

では、少しだけ改善すればいいかと言うと、どんな業種でも、ちょっとした程度のサービスや使い勝手の向上ぐらいではお客さんは目もくれません。なぜなら、多くのお客さんはその瞬間は商品やサービスに満足していても、数日も経てばそのイメージを忘れてしまうからです。だからこそ、いち早く2回目のきっかけをつくらないと、その後が続かないのです。したがって、「サービスのクロージング」が必要になってきます。

サービスのクロージングとはズバリ、①サービスのダメ押しをすること、②次につながるきっかけをつくること、の2つです。

サービスのクロージングの例としては、例えば、心を込めてお客さんをお見送りしたり、名前を聞いたり、名刺を差し上げたり、次回利用できるクーポン券をプレゼントしたり、次の来店につながる会話をしたり、サンキューレターや来店を促すＤＭを送るなどが挙げられ、それらをサービスのイメージづけと次につなげる戦術をお客さんごとにカスタマイズして、タイミング良く行なうのが効果的です。

■サンキューレターは効果があるのか？

みなさんは、どれぐらいの頻度で飲食店を利用していますか？

年間５回も６回もお店に来てくれるものでしょうか？

もちろんファミレスやファーストフードや居酒屋、牛丼屋などの大衆的な日常的に使うお店を除けば、それほど利用しないでしょう？

逆に、人生で一回だけ行ったことがあるお店を思い出してみてください。小さいころに旅先で親に連れられて入ったお店、修学旅行で入ったお店、打ち合わせ先の場所で待ち合わせたお店など、一回だけ利用したことのあるお店は意外や意外、何十店も何百店も出てきます。覚えていないだけなのです。その数は少なくとも年６回も行くお店の何十倍はあるはずです。また行きたいと思っても、なかなかそのお店に行かないものです。

では、一回きりでなく、また次に利用してもらう、すなわちリピーターになってもらうために、飲食店はどうしたらよいのでしょうか？

その方法のひとつとして、お店はまめにサンキューレター（お礼状）を送るのです。サンキューレターという言葉は、みなさんも1度や2度は聞いたことがあるでしょう。昔からビジネス書では定番中の定番ですよね。でも、実際にサンキューレターを書いている飲食店はどれだけあるのでしょうか？　お客さんとしてもらったことはあまりないのではないでしょうか？　せいぜい10店舗中1店舗ぐらいあればいいほうです。あなたのお店やビジネスでもサンキューレターを書くべき機会は結構ありますよね？　書こうという思いはあっても、結局、書かなかったり、それとも、まめに書いてはいたものの結果が伴わないから面倒になってやめてしまってはいませんか？

そう、書いても結果が出ないから、やめてしまうことがとても多いのがサンキューレターです。では、どうしたら結果が出るのでしょうか？

送って結果を出している繁盛店が、果たしてどうしているのかを紹介していきましょう。

ついまた行きたくなるサンキューレターに隠された「魔法の言葉」

サンキューレターのメリットは、一度でも来店したお客さんに即座にアプローチをかけることができる点です。新規客を多数呼び込むためにテレビや新聞などのマス広告で宣伝すれば、莫大な費用がかかります。それに対して、一度でも来店歴のあるお客さんにアプローチをかけたほうが、特にマス広告のような宣伝をする必要がないので、宣伝費も安く効率が良くなります。

一般的に、多くの飲食店では売上の30％が新規客、70％がリピート客で、そのリピート客の70％が再来店してくれれば、例えばリピート客の再来店率が70％から73％に向上するだけで、一年間繰り返すと約30％の売上増になります。

同じように、新規客だけで売上30％アップを目論むと、そもそも新規客の割合が売上の30％を占めているのですから、単純に2倍の新規客を呼ばないといけないことになり、これは至難の業です。

ですから、リピート客を増やす方法のひとつとして、サンキューレターは費用面でもワンツーワンマーケティングという面でも有効です。

お客さんにもう一度お店へ足を運んでもらえる「きっかけ」となり、次のアクションへつなげるのが「サンキューレター」なのです。

ここで絶対に忘れてはいけないのが、「次につながる〝きっかけ〟をつくる」こと。すなわち、「魔法の言葉」をしたためるのです。つまり、必ずサンキューレターやＤＭの中に、次につながるキーワードを入れる必要があるのです。

お客さんが前回の来店時に「お花があったらいいね」と話されたなら、サンキューレターには「〇〇様にご提案いただいたお花を入り口に飾っています。ぜひ見に来てください」といった具合です。

筆者が主宰するイタリアン個室ダイニング「カーヴ隠れや」では、パスタを1皿90gで提供していますが、あるとき40代くらいのセレブな女性の2人組のお客さんが「このパスタ何gあるの?」とメニュー帳の生パスタを指さして聞いてこられました。そこで、スタッフが90gと説明すると、「ちょっと多いわね」とおっしゃられたので、少し量を減らして60gにして、その代わり、具材料を少し贅沢なものに変更して提供しました。そして、後日、下のような文面のサンキューレターをお送りしたのです。

> こんにちは　カーヴ隠れや△△店の店長の□□です。〇〇様、先日は、雨の中をお越しいただいてありがとうございます。またいろいろな料理をお召し上がりいただき、お褒めいただいたこと大変うれしく思います。
> ところで、パスタの量が多かったようで、申し訳ございませんでした。またぜひお召し上がりの際は、速慮なく『いつものパスタを!』とおっしゃってください。少し量を減らして、ご提供させていただきます。
> 寒い季節が続きますが、どうぞご自愛くださいませ。
> 〇〇様の元気な姿をまた見せにいらしてください。
> カーヴ隠れや△△店店長□□

そう、この「いつものパスタ」が、お客さんとお店の間の〝共通語〟になったのです。

また、サンキューレターは一度きりではあまり効果が得られません。できれば、まめでない飲食店の店長でも、お客さんにサンキューレターを3通ぐらいは送るようにします。

「明日のランチ、どこのお店にしようかな、と考えていたら、ちょうど、ここのお店から手紙が届いたのよ」と絶妙なタイミングで、お店から手紙が届いた経験はありませんか？

サンキューレターを3回送れば、そのようなタイミングで手紙を届けられる可能性が高まるのです。

お客さんに午後4時にメールする

「さて、今日はどんな（メールの）内容にしようかなぁ」

今日は、幻の焼酎が入荷している。そこで、ある居酒屋の店長は閃きます。

「そうだ。『本日　幻の焼酎　3種利き酒セット　500円』で販促メールを打とう！」。

時はちょうど午後4時。「あっ4時だ！　そろそろサラリーマンのみなさんにメールを出すとするか」。

こんなふうに、行きつけの飲食店からのメールはみなさんに届くのです。

一方、ほとんどのお店でいま力を入れてやっているインターネットの宣伝広告の効果は、ほとんどありません。

少し前の総務省のデータですが、ここ10年間で国内のインターネット普及率は倍近くに上がったため、情報量は500倍以上になり、そして情報の質も大きく変化してきました。

当たり前ですが、いまはソーシャルメディアの時代。人の周囲には情報があふれ返っています。インターネットの登場以来、あらゆるビジネスにおいて広告宣伝方法が劇的に変化したのは言うまでもありません。

多くの企業はホームページを立ち上げ、デジタルの媒体に広告を載せています。ツイッターやフェイスブックで公式アカウントをとる企業も増えました。

ユーザーも当然のように、パソコンやスマホ（スマートフォン）から情報を入手するようになりました。

こうしてITによる情報環境が成熟してきた一方で、いろいろな影響が出てきました。特に、広告宣伝においては、従来の手法の広告では効果が出なくなってきています。情報量が500倍以上になったことで、それぞれの情報の相対的な価値が下がり、しかも不確かな情報が増え、お客さんは情報をそのまま鵜呑みにしなくなったのです。

このような状況になったにもかかわらず、各企業は、新しいメディアが登場すると手当たり次第に競って利用しようとしています。なんだか、もう満腹状態。

そこへ来て最近、企業のマーケティング担当者や広告・販促部の間で話題の「O2O（オーツーオー）」が登場しました。このO2Oは、「Online to Offline」のことで、ネット（オンライン）の力（情報やサービス）を駆使して現実の社会（オフライン）のリアルな店舗へお客さんを誘導しようとするものです。これはスマホの爆発的な普及に伴うもので、何よりスマホはソーシャルメディアとの相性が抜群です。

ネット社会においては、新たな取り組みが次から次に出てきます。いつもアンテナを張って乗り遅れないようにしなければいけません。ただし、単純に流行に乗ればいいというものではありません。

いま何をするべきか、現実社会とリンクさせていくためにしっかり理由を考えて、行動に移していくことが必要です。「O2O」は、お客さんをネットの世界から現実社会に誘導するので、売上アップに直結できる絶好のチャンスだと思います。

いつの間にかお店の虜に!

~最初のアプローチですでに魅了されている~

先ほど、リピーター率を上げる方法のひとつとして「サンキューレター」について紹介しましたが、「○○様、ご来店してくださってありがとうございます」という気持ちを込めたメッセージを送れば、次の来店へつながる可能性は高まります。お客さんにしてみれば、何気なく入ったお店だったとしても、こんな手紙をもらったら、「自分は特別なお客なんだ」という印象を多少なりとも受けることでしょう。また、「行きつけのお店」を持ちたいと思っている人は意外に多いので、再び足を運んでもらえる確率が上がるのです。

繰り返しになりますが、新規客をリピーター、そしてファンにしていくためには、最初の段階でのアプローチが大切です。なぜなら、新規客が再来店する可能性はかなり低いから。1か月も経てば、もはやお店のことを思い出さなくなってしまうのです。

とはいえ、サンキューレターやメールを闇雲に送ればいいかと言えば、そうではありません。タイミングや出し方が悪ければ、サンキューレターやメールが届いたころには、すでにお店やその料理・サービスの印象などが記憶に残っていないかもしれないので、サンキューレターやメールの出し方、出すタイミングを間違えてはいけないのです。

「AIDMA」から「AISCEAS」へ

では、ポイントは何か？　まずは消費者の行動プロセスから考えてみましょう。

これを考えるとき、「ＡＩＤＭＡ（アイドマ）の法則」が、わかりやすくて代表的です。

「ＡＩＤＭＡ」とは、Attention（注意）→Interest（興味、関心）→Desire（欲求）→Memory（記憶）→Action（行動）の頭文字を取ったもので、アメリカのローランド・ホールが提唱した「消費行動」の仮説です。

これは消費者の心理的プロセス・モデルなどと言われていて、商売の基本中の基本です。

消費者があるモノを知り、それから買うという行動に至るまでのプロセスで、大きく別けて「認知段階」「感情段階」「行動段階」の3つのプロセスに分かれます。

例えば、最近よく電器店で見かける吸引力が落ちない掃除機の例で言えば、認知段階は、「この掃除機のメーカーはブランドとして有名なんだ」「この掃除機は吸引力が続くんだ」「この掃除機は多くのタレントさんが使っているんだ」といったように、消費者が知るという段階です。

感情段階は、「デザインが好きか嫌いか」「いまの生活に必要か」「使ってみたい」といった気持ちを判断する段階です。

行動段階は、ズバリ「買う」「使う」という段階です。

もっと細かく説明すれば、その掃除機（商品）を知らない消費者に呼びかけて注意（Attention）を引き、知ってもらう、そして、その商品に消費者が興味を持てば関心（Interest）の段階へ進む、使ってみたいと思えば欲求（Desire）の段階へ進み、そのときの欲求が強ければ強いほど記憶（Memory）され、後日買い物に行ったときやインターネットで関連商品などを見つけたときに記憶が甦ってくる。そして、行動（Action）に移ることになるのです。

このように、ＡＩＤＭＡの法則は、それぞれのプロセスに分け、その段階ごとにマーケティング戦略を考えようというモデルだったわけです。「だった」というのは、実はソーシャルメディアの普及によって、そのプロセスに変化が起きたためです。「では、いまは？」と言うと、最近の

消費者の心理的プロセス・モデル

「認知段階」
　A：Attention（注意）
「感情段階」
　I：Interest（興味、関心）
　D：Desire（欲求）
　M：Memory（記憶）
「行動段階」
　A：Action（行動）

行動プロセスは、「ＡＩＳＣＥＡＳ（アイセアスまたはアイシーズ）」と表わされるようになったのです。

ＡＩＳＣＥＡＳとは、望野和美氏が提唱した購買行動プロセスで、Attention（注意）、Interest（関心）、Search（検索）、Comparison（比較）、Examination（検討）、Action（行動）、Share（情報共有）の頭文字を取ったもので、注意（Attention）を引いた後、関心（Interest）があったら欲求（Desire）が生まれるのではなく、直ちに、検索（Search）する。そして、ブログやＳＮＳ、Ｗｅｂサイトなどを利用して比較（Comparison）し、検討（Examination）というプロセスに入るのです。ここで、先ほどのＡＩＤＭＡと比べて決定的に違うことがあります。

それは、記憶（Memory）がなくなった、すなわち、消費者自身が記憶をしなくなったということです。好きな方法で情報を取る、そしてパソコンや携帯、スマホなどのデバイスで〝記憶〟するわけです。したがって、いまは、この新しい行動プロセスに対応する、新たな戦略プロセスを構築しなければいけません。

新たな戦略プロセスとしては、検索（Search）段階でのアプローチ、つまり、どのように検索に優位に引っかかるようにするかが重要です。ＳＥＯ対策（検索エンジン最適化）やサイトの選択、Ｗｅｂ広告の選択、比較（Comparison）の段階では、コピーライティングやブランディングなどの総合的なイメージ戦略の課題をクリアしなければなりません。

特に最大の課題は、先ほど述べたお客さんに記憶（Memory）されにくくなったことへの対応です。前述のように、いまは情報をお客さん自身が記憶する前に、簡単にパソコンや携帯、スマホなどのデバイスに頼って記憶（格納）するため、その情報を忘れやすいばかりか、取り出すことすら忘れてしまうのです。この取り出し方を、戦略プロセスに組み込んでいかなければならないのです。

記憶を操る「3の法則」

実は繁盛しているお店は、人の記憶の仕組みをよく知っています。

人の記憶を考えるときに、よく「3の法則」で販促を考えます。特に飲食店では昔から言われてきた法則です。

人間の脳は、3の数字に関連して「忘れていく」ようなのです。

3の数字というのは、3つのタイミング。これは「忘れるライン」とも呼ばれているのですが、ズバリ、「3日後」「3週間後」「3か月後」です。

・「3日後」には8割忘れる

まず、最初の忘れるラインは「3日後」。よく、「昨日のお昼は何を食べましたか?」という質問をされると、案外答えられないものですよね? さらに「3日前」ともなれば、思い出せる可能性はどんどん減っていきます。この「忘れるライン」は、「3日間」だけではなく、時間で「80時間」とも言われています。心理学や脳科学の世界では有名な話です。

例えば、あなたが土曜日におしゃれなレストランでデートをして、楽しい思いをしたとします。日曜日はその余韻に酔いしれて、脳には相手との幸せなお店でのシーンが残っています。ところが、月曜日になれば会社に行かなければならない。火曜日にはもう脳は完全に仕事モードに戻っている。そして、また楽しみな次の週末がやってくるわけです。

まず、この例で言うと、最初の忘れるタイミングは火曜日の「3日後」。もう何を話したか、あまり憶えていない人が多いと思います。デートという特別な体験ですら、細かい内容までは憶えていないでしょう。

心理学の世界では「今日覚えたことは、必ず80時間以内に復習しなさい。そうしないと、人間の脳は覚えた内容の8割を忘れてしまいますよ!」というように教えられます。

80時間、およそ3日間。何も思い出さないまま3日以上経ってしまうと、記憶を呼び戻すのが困難になるというのです。確かに、3日以上前のことは思い出しにくいということは何となく理解できますよね。

・「3週間」経つと思い出すのは難しくなる

今度は「3週間」というタイミングです。

「人の記憶は21日を過ぎると、取り出しにくくなるようにできている」と言われています。21日以内に思い出さない記憶は、脳機能として必要ないと判断され、ランク下の場所に格納されてしまうようです。

21日、つまりは「3週間」。確かに、我々の生活を振り返ってみても3週間は意外とポイントかもしれません。では、恋愛の例で考えてみましょう。

よく恋人に振られて、復縁したいと思うなら「1か月以内が勝負」と言われます。なぜ1か月以内かと言うと、1か月もしたら相手に新しい恋人ができるかもしれない、という理由からかもしれません。また3週間あれば、ショックを受けて奈落の底から這い上がって立ち直り、感情的になっている自分を落ち着かせ、冷静に自分を見つめ直すことができるからかもしれません。さらに、相手に再チャレンジするために自分を磨き直す、ダイエットやスキンケア、ヘアケアなど、何とか変わることができる期間が3週間なのかもしれません。そのうえで相手のことが本当に好きなのか、もう一度やり直したいのかを見極めるのにも適した期間なのです。

逆に、相手にしてみれば3週間で相手を忘れて、ひとりぼっちの状態に慣れてしまう、ということにもなりかねません。でもよく考えれば、悪い記憶を忘れるのに、ちょうど良い期間でもあるのです。人間は、自分にとって嫌な記憶は早く忘れようとします。そうでなければ、ストレスばかり溜まって生きていけません。3週間程度で別れる原因となった嫌な出来事の記憶が薄らいできます。例えば、一年前にもみなさんはきっと何かしら悩んでいたり、嫌な気持ちになっていたはずです。でも、いまはどうでしょうか？　もう忘れていますよね。

ですから、一度別れて復縁するなら、3週間がベストなタイミングなのです。

これは恋愛に限らず、心理学でも、「人は何かを習慣化するには3週間は必要だ」と言われているように、学習や体験した何かを記憶し継続させて習慣化させていくのも、あるいはそれらを忘れるのにも、「3週間」という期間がポイントとなっているのです。

・3か月後には記憶を取り出せない

最後のタイミングは「3か月後」です。

ここまで説明してきた、「3の法則」における3日後、3週間後を再確認しておきましよう。3日以内にもう一度思い出さないのなら、8割の記憶が失われる。3週間以内にもう一度思い出されないのなら、脳の中の思い出しにくい収納場所にその記憶は格納されるということでした。では、「3か月後」には、どうなるのでしょうか?

以前、筆者の会社で、クライアント先の協力を得てRFM分析を行ないました。RFM分析とは、「最終購買日(Recency)」「購買頻度(Frequency)」「累計購買金額(Monetary)」の3つの指標を使って顧客の選別と格付けを行う分析です。結果は、新規のお客さんが3か月以内に一度再来店した場合の2年間の平均利用が約3・3回、これに対して、3か月以内に2回以上来店したお客さんの2年間の平均利用は14・1回でした。ちなみに、3か月以内に一度も利用のなかったお客さんの2年間の平均利用は1・9回だったのです。

なんと、3か月以内に2回以上利用したお客さんは、一度再来店したお客さんの約4・3倍の利用数を記録したのです。また3か月以内に一度も利用がないお客さんの約7・4倍の利用数になります。

次に、3か月以内に一度リピートしたケースと、一度もリピートがなかったケースの2年間の利用回数3・3回と1・9回を比べてみましょう。

初回の1回は、双方とも来店していますから、リピート部分は、2・3回と0・9回になります。これを比べると、一度来たお客さんが3か月以内にリピートするかしないかで、2年後には、利用回数が2・5倍以上も違ってくるのです。

つまり、3か月以内に1回もしくは2回以上リピートしたお客さんのほうが、一度もリピートしなかった人より約2・5倍～14・7倍も、固定客化しやすいと言えるのです。だから、3か月以内に1回以上、リピートしてもらえるような戦略を考えればいいのです。

これは飲食店に限らず、ある物事を経験してから3か月の間にそのことを一度も思い出すことがなければ、それ以降、思い出す確率は極めて低くなる、ということです。

したがって、はじめて利用したお客さんが、あなたのお店のことを思い出すきっかけが「3か月間」なかった場合、それ以降、あなたのお店や料理、またはあなた自身を思い出すことは、まずないと言えます。

お客さんの頭の中に、あなたのお店の名前が思い浮かんでこなければ、選ばれる可能性はゼロ。だからこそ、お客さんにあなたのお店を「思い出してもらう」きっかけをつくるために、サンキューレターやメール、DMを「3の法則」のタイミングで3回送るのです。

Column

店内のどこに座るかで相手の性格がわかる!?

夕方、あなたはお腹が空いてきて、1人でお店に入ることにしました。普通のカジュアルな洋食屋です。さて、次ページの店内図を見てください。

あなたは、どこに座りますか?

飲食店の店内でどこに座るか、これでかなり正確にその人の性格、心理状況、そして、その日の気分を見破ることができます。

実は、比較的広いカフェやファミレス、ファーストフードなど、座る位置を選択する余地があるお店で、デートや商談、あるいは社内の打ち合わせをする場合、あえて約束の時間から1~2分ぐらい遅れて行き、待ち合わせしている相手がどこに座っているかを眺めてみることで、相手の性格やタイプがわかります。恋人なら恋人の本性、付き合う前なら今後付き合うべきかどうか、商談なら契約するかどうか、上司なら部下の性格を知る絶好の機会なのです。お店としても、座る位置である程度、お客さんの性格を予測し、サービス方法を変えることができます。

なお、どこの席に座るかは、「パーソナル・スペース(私有空間)」をどう意識しているか、自分をどのように位置づけしているのかの表われでもあります。

では、詳しく解説していきましょう。

■隣の席を空けている(①番の席)

他人とあまり関わりたくない人です。また、隣の席を空けるのなら、自分だけの私有空間

ある洋食屋の店内図

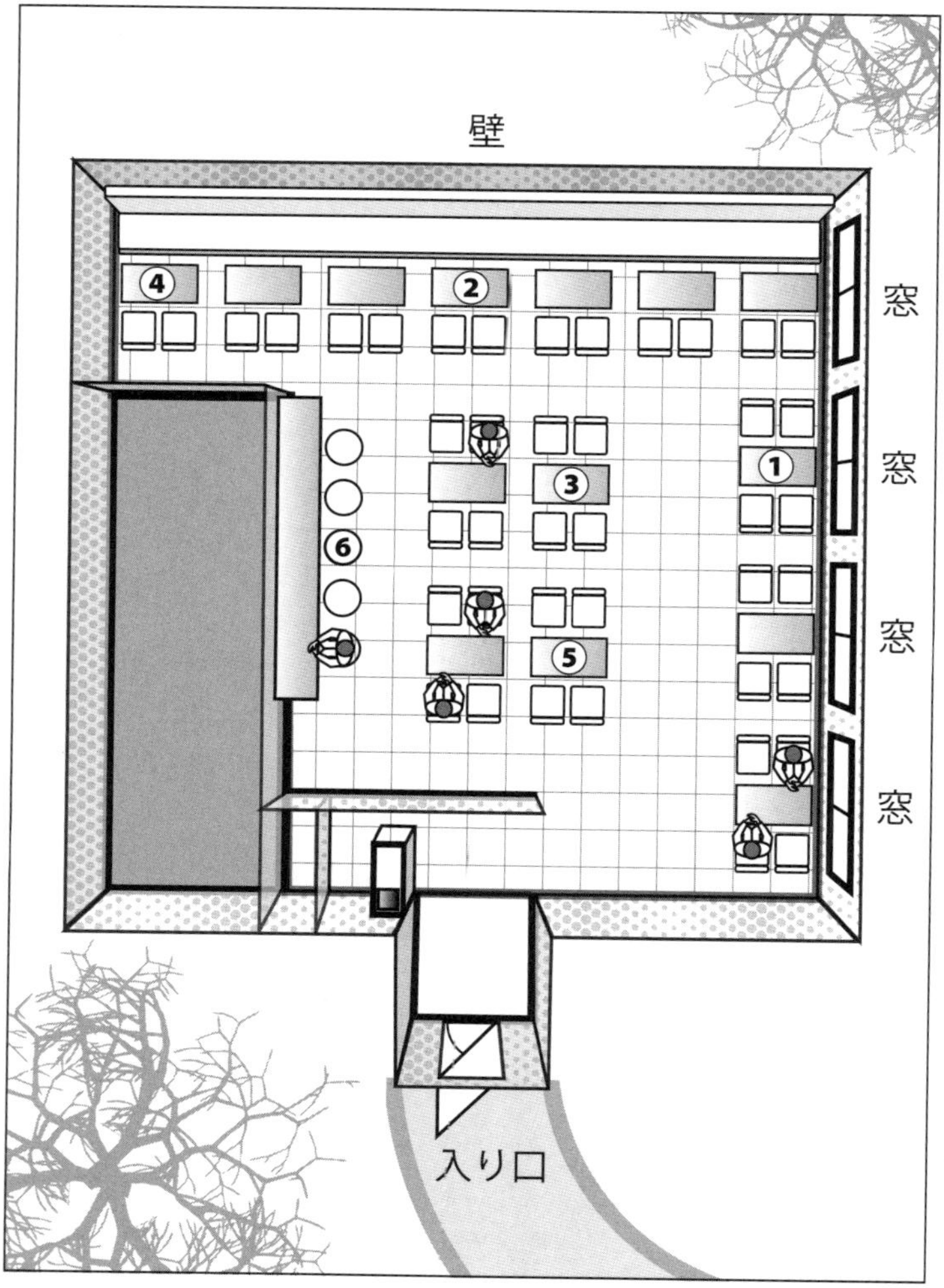

を持ちたいと思っているのでしょう。

■壁際、壁に近い席に座っている人（②番の席）

あまり他人と関わりたくないタイプです。店内に向かって座っていれば、人目につかず、「お店全体を観察していたい」という気持ちが強いのかもしれません。

さらに、顔を壁の方向へ向けていれば内向的、壁を背にして座っていれば外交的な性格でしょう。

また、壁を背にしている場合は、お店全体を見渡したい、常に状況を把握したいというリーダータイプです。比較的おとなしく真摯な人が多く、お店にとっては扱いやすいお客さんです。

■中央の席に座っている人（③番の席）

自信家で自己顕示欲が強いタイプです。また、自己中心的で幼稚な部分もあります。とにかく、この席は周りから見られて注目される席なので、普通の人なら気が休まらないことは確かです。

そのような場所にドカッと座れるのは、よほど自分に自信があるか、常に中心にいたい人です。回りが気にならない、あるいは関心がないのでしょう。これで、化粧でも始めたら最強の女王様タイプです。あるいは他人に興味関心が薄いかのどちらか。

ワガママなお客さんが多く、周囲にも迷惑をかけるのは、このタイプです。お店にとって要注意なお客さんなのです。

■奥の席に座っている人（④番の席）

理性的な面も強くありますが、優柔不断な（決断力がない）タイプです。とにかく、目立ちたくない。人目につきたくないという気持ちをどこか潜在的に持っているのかもしれません。また、落ち着きたい、勉強に集中したい、落ち込んでいるときなどの気持ちの表われかもしれません。

非常に理性的な人が多く、お客さんとしては、お店のどんなスタッフともサービスの相性は良いはずです。ただし、何かをオーダーするときに、なかなかメニューを決められない人が多いようです。

■入り口に近い席に座っている人（⑤番の席）

すぐに外に出られる席を選ぶ、このタイプはせっかちな性格です。入り口近くの席は、緊急事態などにすぐに逃げ出すことができる場所です。そのため、生存本能が強い人が多いのです。奥に座る理性的な人とは対照的に、感情的で盲目的な人が多いと言えます。

さらに、出入り口に近いのは、用が済んだら早く帰りたいという心理が強いとも捉えられるので、「早く次の行動に移りたい」というアクティブな人とも言えます。

あるいは、この席に座る人は、飲み会や宴会で、いつも下座に座らされて雑用係をしているうちに、「入り口近くが一番落ち着く」と感じる人の可能性もあります。

お店としては、この席に座るお客さんを、あまり重要視しません。つまり、サービスもあまり良くありません。ですから、入り口の近くにはあまり座らないほうがよいかもしれません。

■カウンター席に座っている人（⑥番の席）

寂しがり屋です。すべてのお客さんに背を向けて、完全に自分だけの世界をつくります。もしかしたら、お店のことを考えて、一人で来たからカウンター席に座るという気の利く人で、思いやりのあるお客さんかもしれません。

カウンター席によく一人で座るお客さんは、お店のスタッフとのコミュニケーションを好む傾向も見られます。ですから、お店も対応しやすいお客さんなのです。

それとも、誰かとの出会いを探しているのでしょうか？

共通して、窓際の席が好まれ、入り口やトイレに近い席は敬遠されます。また、団体客がいる場合は、できるだけ、その集団から離れて遠くの位置にある客席に座る人が多いのです。こうしたことも考慮に入れたうえで、お客さんの心理や性格などをチェックして、サービスを変えている飲食店も存在します。

Ⅱ

思惑どおりに選ばされる!!

~おススメ料理が儲かる理由~

メニューの順番は奥深い!?

あるフレンチのお店で、ソムリエから次ページ上のワインリストを手渡され、ソムリエは去っていきました。さて、あなたは何番のワインを頼みますか？　ちなみに、ボトルの下の銘柄名はあえて同じにしています。

23・24番あたりを選んだ、あなたは相当「マイノリティ」です。でも、ワイン通です。

9・10・15・16番を選んだあなたは、「とりあえず、真ん中いっておきますか！」という麻雀なら安全牌を切る慎重派で、とりあえず妥当なワインを選んでおくタイプですね。

1・2番あたりを選んでくれたあなたは、マジョリティです。「何となく？　いえいえ……」、きっちり選ぼうとした結果です。

では、次ページ下の表を見てください。これは、筆者の会社でクライアントに協力してもらって、そのお店のお客さん100人に、先ほどの例（次ページ上）のワインリストを渡してアンケートを取って集計した結果です。

こんなワインリストによく似たものを思い出しませんか？

そうです。街中でよく見かける、自販機（自動販売機）です。缶やペットボトルのドリ

ワインリスト

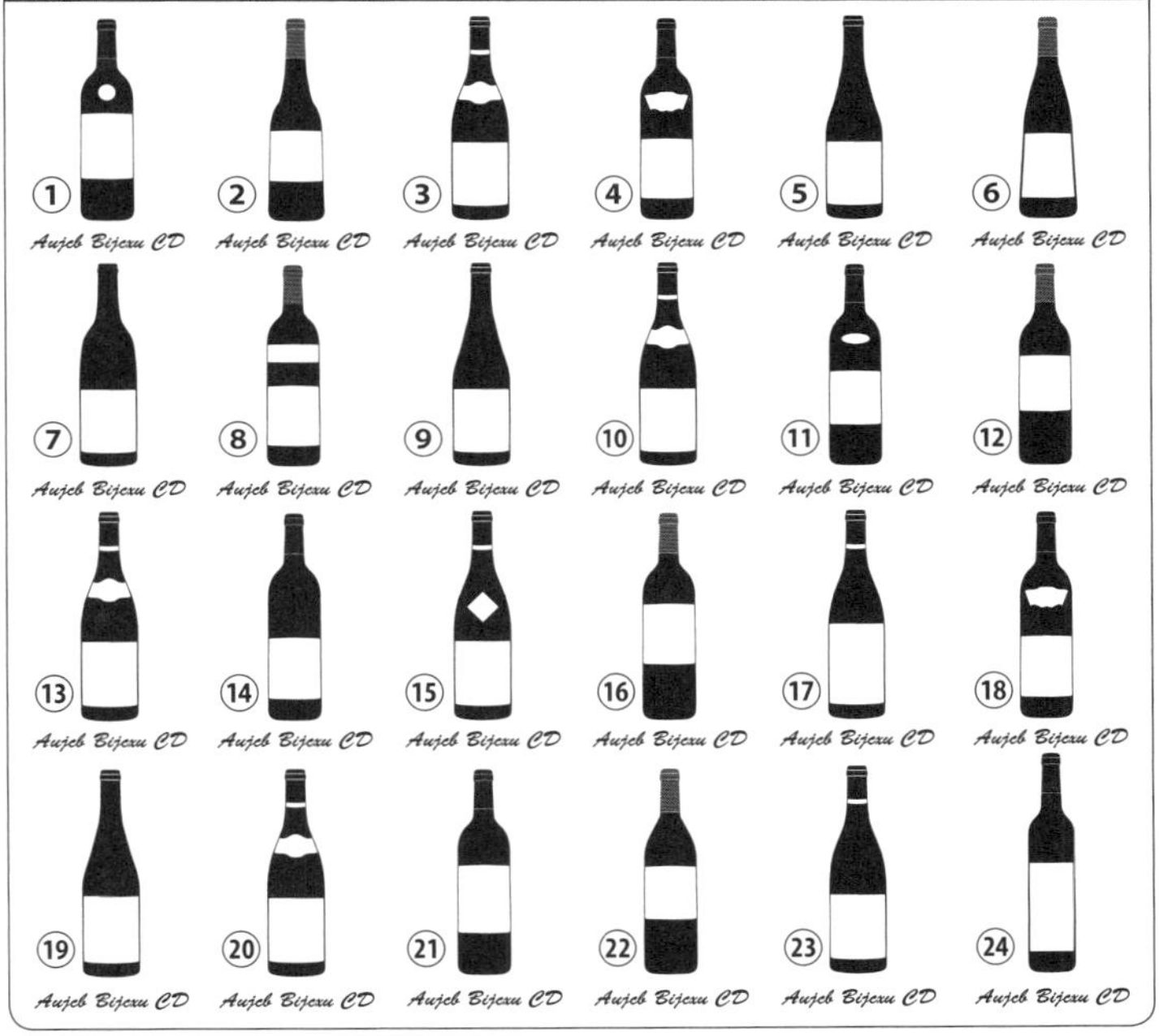

上のワインリストに基づくアンケート集計結果

番号	①	②	③	④	⑤	⑥	1行目選択人数
人数	22人	12人	14人	3人	2人	9人	62人
番号	⑦	⑧	⑨	⑩	⑪	⑫	2行目選択人数
人数	1人	1人	3人	6人	0人	0人	11人
番号	⑬	⑭	⑮	⑯	⑰	⑱	3行目選択人数
人数	0人	1人	5人	4人	0人	1人	11人
番号	⑲	⑳	㉑	㉒	㉓	㉔	4行目選択人数
人数	6人	1人	1人	1人	2人	5人	16人

合計人数　100人

ンクが3段も4段にも渡って展示されていますよね。

自販機はマーケティングの縮図

また、筆者の会社で独自に、東京都、千葉県、神奈川県における自販機約1000台の商品構成を調査したことがあります。なお、調査期間は2014年4月5日から6月2日まで、調査方法は写真撮影、調査項目としては左上・右上・段別・左下・右下の商品構成です。また、調査の場所も、繁華街、住宅街、幹線道路沿い、銭湯、裁判所、観光地に分けて実施しました。

なぜ自販機の商品構成を調査したかと言えば、自販機は、「地域のマーケティングの縮図」だからです。

近年、JRが、現場の経験と勘に頼っていた自販機の運営を、データによる活用に変えるという「自販機改革」を起こしたことは有名な話です。「セグメントセンサー」付きの自販機で、前に立つ人の顔を識別して、おススメのドリンクを選んでくれるという、驚きの話。ちなみに、筆者にはよく「オレンジジュース」を勧めてくれます（ということは、筆者は「童顔!?」ってことでしょうか）。

それはさておき、実際のハイテクではない従来の自販機の現場では、商品を入れ替えるルート配送員の「勘」に頼っている設置場所がほとんどなのです。とはいえ、各設置場所における実売データや市場調査データなどを活用しているし、加えて地域性と販売員の勘がミックスされているので、自販機の商品陳列には興味深い思慮やマーケティングのヒントが隠されているのです。

自販機は、クールジャパンに関する調査でも、外国人から見て日本の「クール」なものの上位にランキング入りするほど、日本独特の進化を遂げてきたものです。自販機には、古き日本独自のマーケティングの基礎を垣間見ることができるのです。特に、商品の並べ方。自販機は通常3段か4段で、本数で言えば合計20〜30本が一般的だと思いますが、この並べ方によって、売上が大きく左右されるのです。大手のドリンクメーカーにその並べ方の秘訣について問い合わせたところ、「売る商品は決められているが、並べる順番については ほとんどが現場任せ」という回答でした。

実際の並べ方に注目して見てみると、どうも左上には、自販機を管理するメーカーの売りたい商品や目玉商品が配置される傾向があります。左上は、メーカーの思惑がはっきりと感じられる重要な場所。コカ・コーラ社管轄の自販機なら、ちゃんと左上にコカ・コーラが置かれているのです。みなさんもぜひ、コカ・コーラ社の自販機を見る機会があったら左上を見てください。

では、各設置場所における調査結果の内容を詳しく見ていきましょう。

例えば、「銭湯」の前や横の自販機を調べた場合。結果は左上にある商品の上位は、スポーツドリンク21本、ミネラルウォーター14本、お茶系14本……でした。つまり、調査した銭湯の近くに設置された自販機の50％近くが、スポーツドリンクを左上に置いていたのです。

昔から「銭湯と言えば、コーヒー牛乳！」という組み合わせって、みなさんも何となく聞いたことがあると思います。風呂上りにビールが定番な人も、銭湯に行けば、なぜかコーヒー牛乳が飲みたくなるから不思議。だから、「コーヒー系が主役じゃないの？」と筆者も思っていましたが、実際は違っていたということです。

では、甘いコーヒー系はどこに置かれているかと言えば、2段目が多かったのです。2段目の列に46・2％もコーヒー系が占めていたのです。2段目ということは、「銭湯でコーヒー牛乳！」という昔の定番とは違って、コーヒー系はすでに脇役に追いやられているということです。銭湯で懐かしい瓶のコーヒー牛乳は、もう飲めないのかもしれませんね。

また、「裁判所」では、ほとんどの自販機で左上には、お茶、そして最上段にはお茶の他、ジュースやカルピス、ミルクティーなど甘めのドリンクが多かったのです。どうも、裁判の前後では「さっぱりした気分になりたい」のか、「甘いドリンクでホッとしたい」というような心境になるのでしょう。裁判所はそんなに楽しいところではないし……。

観光地では、左上はダントツでお茶が多い。並べ方も興味深いのですが、外見をその景観に合わせた色やデザインにしている自販機が結構あり、これだけでも楽しめます。

このように、自販機の世界は、いよいよ人海戦術的なマーケティングから新しいステージに進んでいくようです。

では、なぜ左上に「売りたいもの」が置かれるのでしょうか？

人の目線の動きにヒントがある

CMやポスターなどの優れた広告には、人の深層心理に働きかける演出やストーリーが隠されています。

それは、過去の経験や研究を経て構築された法則なのです。

そのひとつとして、人間の目の動きを利用したものがあります。

それは、『Zの法則』というもので、ポスターやチラシ、ビラなどの広告を見るときに人の目線がZ型に動くという深層心理を利用した法則です。見せたい内容をZ型にレイアウトする手法です。なお、ご参考までに、Ｗｅｂにおいては、Ｆ型にレイアウトする『Ｆの法則』というものもあります。

こうした人の目線の動きに基づいて、レイアウトの順番が決められているのです。それはなぜかと言えば、日本での習慣。横組みの文章は通常、左から右に書かれており、まず目線が左上に行って見始め、そのまま横へ、次に最下段の左下斜めへと移動し、また横へというように「左上、右上、左下、右下」の順で目線が英語のZの形で動いていくので、「Zの法則」と呼ばれているのです。

この法則は、売上アップのために、自販機やスーパーなどの商品陳列などにも取り入れられています。

このZの法則に基づいて、例えば、飲食店のすぐそばの自販機では左上にお茶が、待ち合わせによく使われる場所では左上にコーヒーが配置されています。繰り返しになりますが、自販機には土地柄や立地特性がよく表われています。

そして、ついでにもうひとつ面白いルールを紹介しておきましょう。

それは、「０・３秒ルール」というもの。人は０・３秒で、自分にとって必要な情報か興味ある情報か、そうでないかを判断します。したがって、０・３秒以内で目線が届く範囲に、伝えたい情報を集約する必要があります。

つまり、何を売っているお店か、どんなお得なお知らせかが一瞬（0・3秒）で目に入るデザインを心がけなければいけないのです。

飲食店で言えば、メニュー帳に、この「Zの法則」と「0・3秒ルール」が活用されています。実は飲食店のメニューでは、左側の上から3番目もしくは4番目あたりがよく注文の出るメニューなのです。では、なぜ3番目か4番目のメニューが一番出るのかと言うと、まず左上から目線が行き、そして一瞬（0・3秒）の目線が動く範囲内にある、ゴールデンラインに位置するためです。

ですから、ヒットメニュー開発の流れは、「①売りたいメニューを決める→②メニューの役割を決める→③メニューを商品化する→④メニューの売価、組み合わせ貢献（一緒に注文されやすいメニューの組み合わせ）、貢献利益を決める→⑤メニュー帳の位置を決める」というフローになります。

このように、しっかり最後は、目線の法則である「Zの法則」や「0・3秒ルール」を活用して、はじめてヒットメニュー開発は完了するのです。ただの思いつきや、単純にメニューを決めただけでは、ヒットメニューは生まれません。

？「売れる」には必ず理由がある

凝り固まった考え方や視点では、メニュー帳など、いろいろなところに隠れているビジネスヒントを見逃してしまうでしょう。

何か問題が起きたり、問題が投げかけられたりしたときには、知見や知識、考え方を整理して仮説を立てなければなりません。そのために、徹底的に勉強したり、感性を磨いたりすることによって、そこから、現場力（実務）のヒントが生まれて、現場・現物・現実の「視点」が変わっていくのです。「売れる」には必ず理由があるし、売れるためには新たな視点を手に入れなければならないのです。

筆者が主宰する全国チェーンの個室居酒屋「カーヴ隠れや」は、利益率の高い主力メニューの売上数が伸びないことに悩んでいた時期がありました。この主力メニューがたくさん出れば、お客さんにも喜んでもらえてお店のイメージもアップし、お店にとって儲かる4番バッターと言える存在になり得るのです。そこで、分析を重ねたところ、この主力メニューは18個並んでいる一品料理の商品群のうちの真ん中あたりに表示されていたのです。

それを、左側の上から3番目にメニュー表示位置を変えたところ、なんと、月の売上数が2倍以上出るくらい劇的に増えました。

このように、繁盛している飲食店のメニューには隠されたカラクリがあるのです。

では、「なぜ上から3番目のメニューがよく出るのか？」「お客さんはなぜ選んでしまうのか？」「その事実から何がわかるのか？」を、もう少し詳しく解明していきましょう。

メニュー帳は、単純に価格が安い順番から載せていくものではありません。メニュー帳のどの位置に、何のメニューを、どう載せるのか、デザインをどうするのかをトータルで一番効果的なスタイルとなるように考えなければいけません。

実際、メニュー帳に商品をどう並べるかによって、売れ行きは大きく変わります。

並べ方を決めるときのポイントは、「価格」と「ポジション（位置）」の2つです。

例えば単純なケースですが、1500円、580円……という順番で並べるよりも、580円、1500円……の順番に並べたほうが、メニュー全体としてお客さんは安く感じます。「たった2つのメニューでも」です。しかも、たくさんの料理が並ぶメニュー全体での顔づくりを考える場合は、なおさらその差は歴然と表われてきます。

また、メニュー帳の一番上よりも2番目や3番目に置かれた商品のほうが注文しやすい、というように、メニュー帳には（注文が）「出やすいポジション」「出にくいポジション」というものがあるのです。

スーパーやコンビニの棚でも、一番下の段や最上段の商品は出にくい（売れにくい）ですよね。棚の陳列方法に法則があるように、飲食店のメニューにも、然るべきポジションが必ずあるのです。

売りたい商品（戦略商品）を「出やすいポジション」に置くのは当然。これをよりうまくやるには、お店のプライスゾーン（価格帯をいくらからいくらぐらいまでにするか）やプライスライン（主要価格帯をいくらぐらいにするか）までを考えてメニュー帳をつくる必要があるのです。

繁盛している飲食店に行くと、お客さんは、知らず知らずのうちに、「お店が売りたいメニューを選ばされていく」ことになるのです。

あえて売れないメニューをつくっている

「売れないメニューは必要ないから、すぐやめろ」。これが、飲食店での普通の考え方かもしれませんが、繁盛しているお店ほど、まったく売れないメニューを持っています。

みなさんも、いらないモノなのに、気になったり、捨てられなかったり、「欲しくても必要がないから買わなかったけれど、何か後ろ髪引かれる」というような思いをしたことってありませんか？

このような深層心理には、儲かるための面白いヒントがたくさんあります。

みなさんが飲食店で何気なく見ているメニューにも「仕掛け」が隠されているのです。

実は、出ない（売れない）メニューがあるからこそ、出る（売れる）メニューがあると言っても過言ではありません。そう、売れ行きにかかわらず、揃えておくべきメニューもあるのです。商品は1つひとつ独立しているように見えますが、そうではありません。

商品A自体はそれほど売れなかったり、利幅が薄かったりしても、主力商品Bを引き立たせるためには商品Aが欠かせない、という場合もあるのです。

この考え方は、「お客さんの『困った』を商機」にすることにつながっていくもので、何も飲食店だけに限定されるものではありません。

メニュー開発を進める中で、他との差別化を考えて売れるメニューを考えていくわけですが、それを追求した結果、自慢のメニュー、売りたい料理など、新しいメニューを開発していきます。飲食店に行くと、「おススメ料理」や「名物料理」と銘打ったお店の看板メニューをＰＯＰやメニュー帳で見かけたりしませんか？

〃名物料理〃をつくって宣伝するのは、飲食店では十八番《オハコ》のメニュー戦略です。経営者の多くは、このやり方自体に何の疑問を持つこともなく積極的だと思います。

しかし、実際に看板メニューで成功しているお店もありますが、多くのお店では看板メニューや〝ウリのメニュー〟が「売れている」と実感している店主はあまりいないのです。実際、居酒屋からダイニングまで、名物料理はどこへ行っても見かけますよね？　でもその中で「これは良い」「これは美味しい名物料理だ」というお店の看板メニューを、みなさんどれだけ思い出すことができますか？

そうです。あまり思い出せませんよね。インパクトがある看板メニューの例としては、回転寿司を思い出してもらうと、わかりやすいと思います。そう、「大盛り」。最近では、やたらとネタが大きい「でかネタ寿司」を提供するお店が増えているでしょう？

この前に筆者が利用したお店は、ネタがなんと、シャリの3倍もありました。もはや、これは寿司と呼べる代物ではありません。

看板メニューは、お店にとって売りたいメニューでもありますが、売れなければならないメニューでもあるはず。もちろん文字どおり、売れなくても、「イメージ＝看板メニューでＯＫ」と考えるお店もあるかもしれませんが。

でも、看板メニューがいつまでも売れないのでは、お客さんをお店に呼ぶ本来の役目を果たせません。看板メニューは、お店に来たお客さんに選んでもらいたいということだけではなく、お客さんをお店に呼び込む宣伝力も備えた「宣伝メニュー」であるという考え方もできるのです。

少し昔の飲食店であれば、値段が少々高くても〝お値打ち感〟で勝負することができましたが、まだまだ不況が続く現在の状況下では、価値があったうえで〝絶対的な価格の安さ〟が必要なことも、多くの飲食店経営者が実感していることでしょう。

とはいえ、単純にすべてのメニューの価格を下げてしまっては、商売になりません。安いイメージをつくりつつ、利益を圧迫しない方策が必要です。

そのためにも、一部のメニューだけの低価格設定でお客さんを呼ぶ、これが〝お客さんの「困った」を商機にできるチャンス〟につながります。

よく近所の電気屋さんの「電球1個でもお伺いします」「すぐに修理に行きます」というような広告を見たことはありませんか？

「1個100円の電球を交換するだけで、本当に採算がとれるのか？」「もしかして利益が出るのか？」と疑問に思うのも当たり前。

また、商店街にある電気屋さんの前を通るときにも、似たようなことを思いませんか？よく見ると、店頭には電球や電池など日常品の低価格商品ばかりが並んでいます。やはり、「こんな安い商品ばかりで、ここの家賃が払えるのか？」と思うでしょう。もちろん、

100円の商品だけを売っていては、利益など出るはずがありません。では、何を売って利益を出しているのでしょうか？

それは〝近隣感〟を打ち出し、お客さんの「困った」を商機としているからなのです。〝安い商品＝日常品＝近隣感〟をきっかけにして、実は〝その後ろに隠れている需要を掘り起こしている〟のです。お客さんの家に電球1個を交換しに行って、例えば、部屋の中で古いテレビを見つければ、新しいテレビを勧めて売ったり、年配のお客さんと仲良くなれば、孫のプレゼントの相談を受けてパソコンを売ったりすることができるかもしれないのです。

このように、〝需要を掘り起こす〟ことが必要なのです。

店頭の商品も同様です。店頭に並べる商品は「お客さんを引きつける、あるいは引きつけやすい商品」「気軽に手が届く商品」ということになります。反対に、お店の奥に置くような商品は、「気軽に買うことのできない商品」が多いのです。すなわち、前者はフロント導入商品、後者はバックエンド利益貢献商品と区別することができます。

これは、飲食店でも実践していることで、看板メニューとして広告に登場させて、お客さんの来店を促します。高額メニューをいくら宣伝しても、なかなかお客さんの気を引きつけることができません。お客さんはお店のことを知らなければ、単にそのメニューは高いというイメージだけで終わってしまうかもしれないためです。

では、何でも安くして宣伝すればよいかと言えば、それだけではダメ。ただいくら安くしても、お客さんがお得なイメージ（商品価値）を抱かなければ、やはり反響が出ません。

筆者は、ミスタードーナッツの「１００円セール」によく飛びつくのですが、これはミスタードーナッツの商品イメージを認識していて商品価値がよくわかるからです。でも実際にお店へ行くと、１００円セール対象以外のものも買ってしまいますし、ドリンクセットを頼みます。いつのまにか１００円セールの付加価値が薄れていますよね。つまり、誰もがイメージしやすいメニューがフロント導入商品の条件となっているのです。

新規客を集めようとする広告では、お客さんにはお店の情報が少ないという前提がありますので、価格を絶対的に安くしなければなりません。しかも、お店のイメージを崩してはいけない。一方、利益貢献が大きいメニューは、来店してからゆっくり吟味するメニューだということも忘れてはいけません。

まずは、価格が絶対的に安くて魅力あるメニューを、広告や店頭で一面に出していく演出が重要なのです。

いま、多くのお客さんが「困っている」ことは、やっぱり、まだまだ不景気であること。だから、ほとんどのお客さんは価格に敏感なのです。そのため、ＰＲとして打ち出すメニユーは絶対的な安さと実力、イメージの良さを兼ね備えたメニューにして、実際に利益が出せるメニューは、店内でＰＯＰや写真付きのメニュー帳で訴求して勝負していきます。

ちょっと話は変わりますが、ある商品Ａは、商品Ｂのためにあるということがあります。メニューの役割という視点からは、こんなトリックを飲食店ではよく使っています。

例えば、「新潟」をテーマにした飲食店で、地酒は非常によく注文が出るものの、新潟の代表的な郷土料理「へぎそば」はあまり注文が出ない。それでもメニュー帳から郷土料理を落としたらいけないのです。郷土感を出すために、郷土料理の「へぎそば」は欠かせないメニューだからです。「へぎそば」があるから、お店の雰囲気も新潟らしくなって、地元のお酒が美味しそうに見える店づくりが実現できるのです。

また、筆者の知人は九州料理、特に、黒豚や明太子が大好きだと言って、筆者がプロデュースしたお店をよく利用してくれますが、でも実際によく注文するのは焼き鳥だそうです。そのお店には「ゴロ焼き」という名物の鶏料理もあるのですが、これも注文してくれません。つまり、この知人は九州料理そのものよりも、九州料理というイメージが好きで、そのお店を利用してくれているのです。

このように、実際にはそれほど注文が出なくても、店のイメージアップや特徴づくりに役立つメニュー、メニュー帳に載せると見栄えが良くなるメニューを揃えておくのは、こんなトリックがあるからです。

メニューについて考えるときは、「単独でどれだけ売れるか？」を考えることも大切ですが、それ以上に大切なのは「全体でどれだけ売上や利益を最大化できるか？」というような相乗効果を狙う視点です。

ですから、流行のメニュー、イメージアップになるメニュー、主力メニューを引き立たせるメニューなどは、その販売力にかかわらず、「なくてはならない料理群」、メニュー帳に加えておくべき料理群なのです。

要するに、あくまでもお店には、トータルコーディネート力が問われるということです。

メニュー構成は〝お店の顔〟

～メニューは単品ではなく、トータルコーディネートで考える～

よく飲食店では、「客単価だ」「組単価だ」という言葉が出てきます。みなさんも客単価という言葉は聞いたことがあるでしょう。別に客単価が高いほうが、すごくて良いお店かと言えば、そうではありません。また、客単価が安ければお客さんが増えるかと言えば、そうでもないのです。だから、「客単価を上げる」戦略は、意外と扱いにくい戦略のひとつなのです。

いちいち「客単価いくら？」などと気にして、飲食店を利用する人はあまりいないと思いますが、そんな人でも、高いか安いかがわかりやすいメニューがあります。その筆頭は「生ビール」だったり「唐揚げ」だったり。こういうメニュー一品一品の値段は意外とみなさんも敏感ではありませんか？

「となりのお店の生ビールは４５０円なのに、ここは５００円か。ちょっと高いよな。でも量はこっちのほうが多いか……」といった会話はよく聞こえてきます。

実は儲かっている飲食店では、一品単価から客単価、そして組単価（家族、カップル、女性客グループ、宴会客などの組ごとに考える単価）までを計算して、メニューを開発しているのです。

すなわち、メニューは、トータルで考えて計画して開発すべきものなのです。

「客単価」は、はじめからお店側で計画されていて、お客さんはいつのまにか、お店の思惑どおりにオーダーさせられているということもあるのです。

これはどういうことかと言うと、儲かっている飲食店では、メニュー帳を開いた瞬間にお客さんの心をつかむメニュー構成となっているのです。

メニュー帳は、飲食店にとって最も重要なツールのひとつです。お店の特徴は何か、何がウリかなど、お店の魅力とコンセプトをお客さんにストレートに伝える力を持っているツールなのです。また、時にはお店のコンセプトを伝えるパンフレットの役割を担い、営業マンの役割も果たします。

メニュー帳を開いた途端、お客さんの目に飛び込んでくる様々な情報から、お客さんはお店に対するイメージを創り上げていくのです。どんなメニューが揃っているか、どう並んでいるか、全体的な構成、ネーミング、値段設定、メニュー帳のデザイン――。それらのすべてで勝負しなければいけません。

ですから、繰り返しますが、メニュー帳をつくるときに一番大切なのはトータルコーディネートすること。すなわち、メニューの構成を効果的なスタイルとなるように考えるのです。

「トータル、トータルっていうけど、どんな順番で考えるのよ?」という声が聞こえてきそうですが、それは利用動機の設定↓組単価↓客単価↓一品単価↓メイン価格帯↓業態・業種↓メニュー帳の作成の順番で計画していきます。

大事なのはカテゴリー分類

多くの飲食店では、売上改善策として、「まずはメニューの改善！」がよく挙げられます。そのメニューの改善策は、たいてい新しいメニュー案を考える↓試作を行なう↓調理内容の変更↓案の見直しや価格の改定、という順番で行なわれます。

これは「間違い」とまでは言いませんが、最良策とも言えない場合も結構あるのです。飲食店の経営が難しいのは、それぞれのお店の経営状態が悪い理由も様々で、さらに業界全体としてもいろいろな不景気の要因が存在しているためです。その中でも最近、売上減少の大きな一因として、「外食の回数が減少しているから」ということがよく指摘されています。

この指摘を受けて、多くの飲食店では、安売りなどで来店を誘引する戦略、すなわち単純に「来店回数を増やす」戦略がよくとられますが、これは最善策なのでしょうか？

そもそも外食の回数が減ってきているわけですから、来店回数増を画策することは、いつも効率の良い最善策とは限りません。つまり、「売上を上げるためには、とにかく回転数を上げる！」というのが、これまでの飲食業界における経営方針の主流でしたが、そもそも、お客さん1人あたりの外食の絶対的な回数（分母）が減っていて、お店が満席になることもそれほどないのに、回転数の話をしてもムダです。ですから、「来店回数を増やす」よりも、「客単価を上げる」あるいは「客単価を下げないようにする」という考え方のほうが現代的と言えるのです。

では話を戻して、メニューの改善策は何かと言えば、主なものだけでも、以下の7つが挙げられます。

① 新メニューの増加
② 新メニューと旧メニューの入れ替え
③ 料金改定
④ メニュー帳の刷新
⑤ コースメニュー、セットメニューの開発
⑥ 新カテゴリー（料理群）の開発
⑦ カテゴリー（料理群）の改定

従来の視点で普通に考えたら、メニューの改善策と言えば、①～③番と考えがちですが、

先ほども述べたように、外食の回数が減った現代では、これだけでは大した効果は得られません。

また、メニューを変えるには、結構、勇気が必要で、ほとんどの飲食店経営者はメニューを変えると業態やコンセプトまで変わったりするので、怖いから少ししかメニューに手をつけられない、ということが多いのです。そのため、結果的にお客さんもメニューの変化に気がつかず、売上も大して上がりません。

しかし、先ほど挙げた7つの改善策の中で思ったより効果が上がる方法があります。

それは、⑦番の「カテゴリー（料理群）の改定」です。実はカテゴリーを改定するだけで、思いのほか売上を向上させた例は多いのです。その例をひとつ紹介しましょう。

ある地方のダイニングレストランS店でのこと。S店の改善前のメニューは、カテゴリーが、「一品料理」「サラダ&スープ」「デザート」「おつまみ」の4種類だけで、総料理数が71品。このS店のウリ（特徴）は「グリル料理」でしたが、グリル料理は「一品料理」というカテゴリーに属していました。

そこで、次の内容のメニュー改定を行ないました。

・10品だけ新メニューを追加（既存8品を削減）

・一部のメニューのカテゴリー（料理群）を入れ替えて総料理数を73品に変更
・価格面の改定を重視しない
・既存メニューの価格は現状維持とし、新メニューも既存メニューと同等の価格に設定

このように、主な変更点を「カテゴリー（料理群）」の改定としたのです。

カテゴリーは、「冷菜&サラダ」「アラカルト」「グリル」「スープ」「スナック」「ご飯」「パスタ」「ピッツァ」「スウィーツ」の9群に変更して、わかりやすく細分化しました。

これは、改定前のオーダー伝票から組み合わせを分析した結果、グリル料理のオーダーが多かったので、そのグリル料理のメニュー帳の記載位置を見直し、また品数を増やして魅力ある料理群にしました。

また、グリル料理の中から少なくとも一品はオーダーしてもらえるようにすることと、グリル料理だけに偏らず、いろいろなメニューを選びやすくすることにも注力しました。

例えば、価格面や気軽さを重視したカテゴリーとしてスナック料理群をつくり、選択性を高めると同時に、グリル料理に優位性も上昇させたのです。

さらに、パスタとピッツァを分けてメニュー帳に記載することで、主食として、どちらか一品のオーダーが出やすくなり、しかもパスタとピッツァが同時にオーダーされない、

ダイニングレストランS店のメニュー改定の効果

改定前	改定後
1テーブル料理数　平均5.1品	1テーブル料理数　平均6.3品
客単価　2210円	客単価　2660円

という効果も出ました（パスタとピッツァが同時に出るとボリュームが出てしまい、他のメニューが出にくくなるためです）。加えて、アイスクリームだけだったデザートをスウィーツとして表記して「別腹もう一品」の魅力アップも図りました。

こうしてメニューの内容や価格面で、お客さんが選びやすい組み合わせを考えていき、客単価がアップするという好結果をもたらすことができたのです。結果は、上の表のとおりです。

これは、メニュー価格を維持しながら、客単価がアップした良い例です。実質一品あたりの単価を上げていないのですから、客単価が上がったのは値上げによるものではありません。お客さんが納得して支払った額です。値上げをしないで、客単価を上げることができたS店は、収益構造も大幅に改善することができました。

また、このS店は、メニューを改定して半年後には客数も5％アップすることができたのです。カテゴリー変更により、オーダー数が増え、お客さんからの評判も上がり、結果的には客数もアップさせることができました。

音も盛りつけも写真も「シズル感」が大切

メニューが売れる大きな要素に「シズル感」があります。「シズル」とは、肉を焼くときのジュージューいう音のことで、そこから転じて人の感覚を刺激する感じのことを「シズル感」として、広告やデザインの世界では、「瑞々しさ」というような意味で使われたりします。この「シズル感」が、飲食店での演出の中心的な戦略となります。

メニューのオリジナリティを追求することは、差別化への第一歩であることは言うまでもありません。確かにそのとおりなのですが、斬新な調理法や素材で、まったく新しいメニューを創り出すという方法だけが、効果のある差別化なのかと言うと、必ずしもそうとは限りません。

また、新しいメニューを開発する場合、時間も知恵にも限界があります。

実は、メニュー開発とは、基本的に保守的なものなのです。そもそも、みなさんを含め多くの人が食に対して、保守的だからです。

みなさんがお客さんとして飲食店に求めているのは、きっと「食べたこともない料理」ではなくて、「知っている範囲内の料理」だけれども、「もっと美味しい」、あるいは「もっと楽しく刺激的な料理」ではありませんか？

したがって、メニュー開発の基本は「アレンジのアイデア」ということになるのです。お客さんが知っている範囲内の料理をいかにアレンジするか？　そこが飲食店の腕の見せどころでもあるのです。

飲食店では、昔から五感に訴えることが有効だと言われてきました。これは、特に現代の飲食店の成否を左右する女性客の集客でも、とても有効です。

例えば、音は先ほど述べた「シズル感」が、とても重要な要素です。ステーキの焼ける音などを聞いて、「お、美味しそうだな」と感じることがそうです。また、匂いも同様に、とても重要な要素です。

では、主なメニューのアレンジのポイントを具体的に挙げて説明しておきましょう。

① 盛りつけの仕方や食器を工夫する
② 調味料・スパイス類の添加、配合などを工夫する
③ 食材の組み合わせを変える
④ 調理法、または調理法の組み合わせを変えてみる
⑤ 独自の食材を使用する

この①～⑤は、一般的なメニュー開発方法を作業の難易度順に並べたものですが、同時に、お客さんに影響を与える効果の大きい順でもあります。

ここで、①の「盛りつけの仕方や食器を工夫する」としては、例えば、メニューとしては目新しくないポテトでも、盛りつけ方ひとつで印象がガラッと変わります。自分のお店とマッチする盛りつけ、季節に合った盛りつけで数段、美味しく見せることが可能です。また、色紙に英字新聞を使ってみる、もみじや若葉など季節を感じさせる、いわゆる「つまもの」を添える、器を替えるなど、ちょっとしたアレンジでイメージが一変します。

特に、この①については、お店も簡単かつ早急に対応できるわけですから、多くの飲食店経営者が手をつけやすいと思います。ただし、一目瞭然でお客さんにアピールできる方法ですから、わかりやすい半面、注意もしなければならない方法とも言えます。

料理を改善するうえで、お客さんを引きつけるためには、視覚に訴えるだけでは不十分なのも事実です。そこで、プラスαを付加できれば、より視覚の効果を上げることができるでしょう。キーワードは〝五感を刺激する〟メニューをつくるということです。

食は、舌だけで味わうものではなく、五感で味わい、楽しむものです。

したがって、オリジナルメニューをつくるときには、次のように、お客さんの五感を最大限に刺激し、アピールすることを考えなければいけません。

・**視覚（目）へのアピール**：盛りつけ、色合い、飾りなど
・**聴覚（耳）へのアピール**：例えば、鉄板でステーキをジュージュー焼くなど
・**嗅覚（鼻）へのアピール**：におい、スパイス、香りなどの工夫
・**味覚（舌）へのアピール**：材料、調味料、調理法などの工夫
・**触覚（手）へのアピール**：例えば、生春巻きを「手で」食べていただくなど

これらのアピール要素をヒントに、思いつきや遊び心を生かしてアイデアをひねれば、格別に高度な調理技術がなくても、意外と簡単にオリジナルメニューを創造できます。余りものや捨てていた素材から、意外にも面白い独創的なメニューが生まれることもよくあるのです。

五感に訴えることができれば、料理の付加価値を上げることにもなり、他店との差別化にもつながります。この五感に訴えかける「シズル感」と、本来の料理が持つ「美味しさ」をミックスして高い次元の料理が実現できてこそ、お客さんの記憶に残り得る、また食べてみたいと思わせる料理に仕上げることができるのです。

よく焼き鳥屋が店頭で焼いていたり、ラーメン屋の排気用ダクトが表（お店の前）に向かっていたりしますよね。これは臭いで、お客さんを誘っているのです。香りには、人間の心に刺激し、衝動性を高める作用があります。

米国のある心理学者が、ショッピングセンターの通路を歩く人に1ドル借りるという実験を行ないました。その実験では、通路にコーヒーの良い香りが立った場所で借りようとしたら、半数以上の人が貸してくれたという結果が出たのです。逆に香りのない場所では、2割程度の人しか貸してくれなかったという結果でした。良い香りがしたり、嗜好の匂いがあると、人は一気に衝動的になって、行動に移すようになるのです。

食べ物の味は、鼻をつまんで食事をすると、途端に味が落ちますから、試してみてください。

また視覚と聴覚で言えば、和菓子の例がわかりやす

「焼き鳥屋」「焼き鶏屋」「やきとり屋」の違い

みなさんも、「焼き鳥」「焼き鶏」「やきとり」という表記の違いに疑問を持ったことがあるでしょう。

「やきとり」という文字が平仮名表記なのは、「鳥」「鶏」以外のものを扱っているからです。昔、鳥（鶏）は一般に流通しておらず、高価な食材だったためその代用として、廃棄するはずの安価な豚もしくは牛の臓物を「焼き鳥」「焼き鶏」の代わりにして食していたからです。だから、やきとりは、豚モツに傾斜したお店のメニューに多いということになります。

また、「鳥」と「鶏」の違いは特にないのですが、飲食業界の人は、地鶏を扱うような少し本格的もしくは高級なお店の場合は、「鶏」を使い、冷凍品やブロイラーを使用する場合は、比較的「鳥」を使用したりするのです。

いと思います。1600年代後期、菓子に名前（菓銘）をつけ、それに相応しい意匠（＝デザイン）を工夫するようになりました。これにより、菓子の意匠を目で見て楽しみ、菓銘を耳で聞いて楽しむことができるようになったのです。和菓子は、味覚・触覚・嗅覚にプラスして視覚と聴覚でも楽しめる、五感で味わう食の芸術なのです。

食や芸術の世界だけではなく、もう少し身近なところで考えてみると、SNSの世界でもそうでしょう。ツイッターで単純につぶやくだけでは反応はイマイチ。「リツイート」されなければ、「いいね！」をもらえません。

ネット上でも、五感でコミュニケーションをするのです。写真や動画へのリンクのほうが見る側に響きます。そのため、例えば、ツイッターのつぶやきに動画のURLを掲載するといった工夫をすると思います。また、フェイスブックのページには、単に文章だけを投稿するよりも、写真や動画を併せて投稿するほうが、より多くのリアクションが得られることを実感できるはずです。

このように、飲食店に限らず、お客さんを引きつけるアレンジとして、五感に訴えることはとても有効なのです。

Column

宴会は〝一番安いコース〟を選ぶのがお得!?

宴会や飲み会は、年末年始の忘年会や新年会、歓迎会・送別会だけではなく、大小いろいろな会が一年中あります。

みなさんも「年末年始宴会キャンペーン飲み放題980円!」といったポスターやビラを見かけたことがあると思います。お客さんとしては、宴会は楽しみな行事のひとつでしょう。でも、実際にお店側から見てみると、それほど単純な話ではありません。「宴会シーズンに稼がなければいつ稼ぐの?」というほど重要なものなのです。裏では様々な戦略が立てられ、営業活動や販促活動など熾烈な競争が展開されているのです。

実は、宴会戦略は新たな局面を迎えていて、様々な新しい戦略が立てられています。宴会客を〝獲る〟には、ただ単に待っているだけではダメ。いままでの、「宴会用パンフレット」や「宴会用チラシ」を配るだけでは、現代の厳しい飲食業界で生き残ることはできません。

冒頭の「飲み放題980円!」ではないですが、「宴会コース2500円↓500円引き!」「飲み放題付宴会コース。なんと3000円!」……など、安売り宴会戦略を続けているお店はダメです。もう10年以上も年末・年始の客数は減少の一途をたどり、特に大規模な宴会が減少し、また企業レベルの宴会について言えば、ここ10年の間に増え続けてきた小宴会でさえも数年前からはっきりと陰りが出てきたのです。しかし、こういうときこそ、宴会は〝獲りに行く〟姿勢が大切です。

では、うまく宴会が獲れているお店はどうしているのでしょうか？

そのためには、革新的な「新宴会獲得戦略」を効率的かつ積極的に企画・実行しなければいけません。

マネジメントの視点で見た、宴会戦略に関する問題点としては、多くのお店では始動が非常に遅いということがあります。シーズン前の準備自体をしないお店、あるいは、したくても何をすればよいのかわからないというお店が多いのが現実なのです。本書を読んでくれているお店の経営者の方も、もしかしたら、「いつも何もしていないよ」「Ｗｅｂ広告に言われるままにキャンペーンしているよ」といった程度ではないでしょうか。

しかし、諦めることはありません。

■飲食店が宴会を増やす秘訣

最近では、不景気の煽りもあってか、小規模店でも宴会に力を入れるところが増えてきました。しかし、忘年会・新年会だけを狙っていても、宴会の需要は思うようには増えません。それは、大宴会はチェーン店や大型店などに有利だからです。

では、大型店に対抗するにはどうしたらいいか？　狙い目は小規模の宴会です。何十人も参加するような大規模なものではなくて、例えば、親しい仲間でやるクリスマス会などの季節のイベント、誕生会や結婚祝い、友人や親戚のちょっとした集まり、主婦同士の集まり、買い物帰りの予約利用などです。このような小宴会ニーズを徹底的に洗い直せば、宴会の数を増やすことは可能です。

また、こういう小さなものなら、限られた

期間しか行なわない忘年会・新年会とは違って一年中需要がありますし、現代の需要が細分化された忘年会や新年会に対しても、そのお店の特徴やこだわりを生かして対応できます。

まず大事なことは、「小宴会にも強い店」というイメージをアピールできるかどうかです。みなさんも利用者の立場ならば、ちょっとした宴会を提案してPRしてくれるほうが、使いやすいと思います。使用用途に合わせたカスタマイズが可能で、少人数でも親身に相談に乗ってくれる。こういうイメージが定着すれば、「何かで集まるときは、あの店が便利」と思われて、小宴会の予約が増えます。

地元で必要とされるお店になるためにも、小宴会需要に目を向けていかなければならないのです。

なお、忘年会や新年会の時期には小宴会の需要も高まりますので、その時期は特に力を入れて取り組まなければなりません。

では、実際に小宴会を獲るための方策について具体的に言えば、一次会向け、二次会向け、女性向け、若者向け、中高年向けなど、用途や客層別に考えて用意します。よく「宴会承ります」という張り紙を壁などに貼りっ放しにしているお店を見かけますが、それだけではまったく不十分です。いろいろな宴会メニューを設定して、積極的にお客さんに売り込むことが大切なのです。

■宴会コースで一番お得なコースは？

さて、お客さんとして宴会をする場合、実際、どの宴会コースを頼むのがお得なのでしょうか？

お店では、基本的には毎年、宴会シーズンの少し前、つまり11月ごろ、宴会コースを検討し始めます。

まずお店が最初に考えなければならないことは、お店の特徴・客層・用途・業態・期待度などです。

次に大切なのが価格設定。これも、単純に2500円……と決めていくのではなく、①他店との比較、②コース数と内容、③原価率、④目標販売数、⑤コース間販売割合、⑥目玉価格の設定などを考慮しながら決定していきます。特に留意すべき点は、⑤のコース間販売割合です。

例えば、3つのコースとして、Aコース：2500円、Bコース：3500円、Cコース：4500円があるとした場合、単純にこれだけを比較すると、多くのお店では、4：4：2の割合で選ばれることが多いのですが、これはあくまでも標準的な場合です。お客さんの心理としては、価格は少しでも安いほうが良いわけですから、「Aコースを選びたい」。しかし、3つのコースの中で一番安い設定なので「ちょっとはずかしい」「コース内容が悪いのかな」といった心理も働き、「単純に真ん中」のBコースを選ぶお客さんが多いのです。

「一番良いコースがいい」「豪華なほうがいい」「ボリュームが多いほうがいい」など、そもそも価格は関係ないというお客さんがいて、そのようなお客さんはCコースを選びます。よって、Cコースは5000円などに少しぐらい高く設定してもさほど予約数は変わらないことも多いのです。

ここで大切なのは、こうしたお客さんの心

理に対して、お店の意図する方向へ誘導するということです。もう少し例を挙げると、AコースとBコースの料金差が1000円ですから、この価値の差が1000円未満なら、お客さんにAコースへ流れる言い訳をつくってしまいます。すなわち、「2500円のコースのほうが予算的には良いのだけれど、一番安いのではちょっと……」というお客さんがいれば、3500円のコースと品数や内容があまり変わらなければ、2500円のコースに流れることになります。また、2500円のコースと3500円コースで、1000円以上の価値の差が一目瞭然なら、2500円のコースと3500円のコースで悩んでいるお客さんは、3500円のコースを選ぶでしょう。そのためには、品数、内容（食材、ボリューム、質、旬など）を見て〝一目ではっきり違いがわかる〟ことが重要です。逆に、品数が少ないなど「今日はボリュームが少なくてもよい」というお客さんは、すんなり2500円を選ぶことができて、気持ちの上の障害を取り除くことができます。

このように、飲食店は宴会コースをつくるときには、全体のバランスを考えて、どのコースをどれくらい売りたいのかを考えて、宴会メニューを設定しているのです。

別の見方をすれば、「コントラスト効果」という心理現象が働いています。お客さんに3500円のコースを選んでもらうために、1つのコースに絞って勧めるよりも、ダミーとしてそれより高い条件のコースか、貧乏臭い劣悪な条件のコースを一緒に提示して、比較させるほうが良いということです。もちろん、3500円のコース1種類より、3種類出したほうが、そのお店のコース全体の魅力がアップしてトータルの数も多く出るでしょう。

　では、どのコースが一番得かという話に戻しますが、お店側は通常、Bコースが一番よく出るように設定しているので、当然、Bコースに利益も相対的に多く見込みます。それぞれの原価率は、2500円のAコース、3500円のBコース、4500円のCコースそれぞれが、40%、32%、30%ぐらいの設定が多いのです。出る数と原価率を考えたら、お店側は、やはりBコースを多く出したい。

でも、利用するお客さん側からすれば、やはりAコースがお得なのです。実際、AコースとBコースでは、値段の差ほど、料理自体の質など価値に差はあまりないためです。コース料理で儲けているお店は、質より品数で差をつけて、お客さんを錯覚させているのです。

III

生ビールを注文から30秒で出すのはなぜ？

～時間の行動学と動作学～

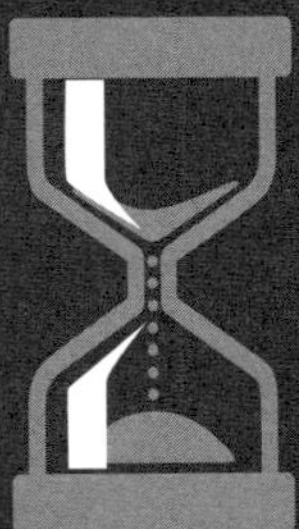

ファーストドリンクは何秒で出てくるか？

居酒屋は、とにかくファーストドリンクのスピード提供にこだわっています。

少し前の庄屋では、30秒以内に最初のオーダーのドリンクを提供しないと、店長やスタッフの査定に響くとも言われていました。また、かつて、庄屋のある店舗には、パントリー（収納スペース）のいたるところに、「ドリンクは30秒で提供!!」と書かれた張り紙が貼られていました。

以前、筆者の会社では、「ファ

ファーストドリンク（最初のオーダー）提供タイム調査の概要と結果

オーダーメニュー	生ビール、柑橘・果物系サワー（生絞りは除く）、アイスウーロン茶
タイムの計測方法	ドリンクメニューのオーダーのハンディターミナルへの入力が終わってから、配膳が終了したとき（すべてのドリンクがテーブルに置かれたとき）まで
その他	着席率が50～70%の時間帯（満席ではないものの、ある程度の客数がある状態）

※１　和民は、わたみん家を含む。
※２　各チェーン店の調査店舗は、渋谷区と新宿区の都心繁華街店とする。
※３　各チェーン店の計測回数は８回ずつ。結果は８回の平均値とする。

結果　ファーストドリンクの提供時間

和民系	２分21秒４
魚民	３分３秒２
庄屋	２分８秒５
白木屋	１分49秒６

ーストドリンク（最初のオーダー）提供タイム調査」を、和民系、魚民、庄屋、白木屋の4チェーンを対象にして実施したことがあります。なお、調査の概要と結果は、右の表のとおりです。

なぜファーストドリンクのスピードにこだわるのか？

よく飲食店では、「ファーストドリンクを2分以内で提供しろ」と言われています。このように、飲食店では、ファーストドリンク、すなわち乾杯ドリンクの提供スピードを重要視しているのです。なぜなら、飲食の最初のスタートを気持ち良く切ってもらって、お店の第一印象のイメージを良くして、その後のサービスにおいてアドバンテージを得たいからです。

飲食店では、「サービスのストーリー」がポイントとなります。お客さんのお出迎えからお見送りまで、サービスには流れ、つまり「ストーリー」が重要です。その流れを止めずに、お客さんに終始心地良く過ごしてもらえるようにストーリーを演出することが、お客さんを満足させるホスピタリティ（おもてなし）の実現へとつながるのです。

このストーリーづくりで大切なのは、お客さんに合わせた演出をすること。はじめにお店の利用目的を推察して、カップル、家族連れ、友達同士など、それぞれに相応しい演出を行なうことなのです。そのために、繁盛しているお店のデキるスタッフは、始まりの瞬間からお客さんをよく観察しています。これは入り口、すなわちサービスのスタートから勝負が始まっているということなのです。

もっと言えば、お客さんが一歩店内に足を踏み入れた瞬間から「ストーリーサービス」が始まります。だから入り口は一連のストーリーを良い印象でスタートさせるための最初のステップ。続いて、最初のオーダーへと流れていきます。入店時の第一印象が良ければ、その後のお店に対するイメージも良くなり、これが最後まで続けば、会計時に「良い店だった」というお客さんの高評価につながるのです。

店内に入ったときに、お客さんは自分が歓迎されている雰囲気を感じれば、もし万が一、サービスの途中で何らかのクレームが発生したとしても大事には至らずに済む場合があるほどで、それはお客さんの中で「気持ちの良いお店」というイメージが最初に形成されているからです。

だからこそ、最初のお客さんとの接点であり、飲食のスタートとなるファーストドリンクは、どのお店も特に気をつける重要なポイントなのです。

第1位は白木屋の平均1分49秒6！

今回のファーストドリンク提供時間調査では、残念ながら白木屋だけが「2分以内」をクリアしていました。昔、筆者が知人から庄屋さんを紹介してもらったとき、お店のマネージャーたちが、熱心に「ファーストドリンクが勝負！　30秒で提供します！」と言っていたのを思い出します。

このように、飲食店がファーストドリンクのスピード提供を重視するのは、最初のお店に対するイメージの大切さを熟知しているからで、大手の居酒屋も特にサービスの中では重要視しています。

これは、飲食店に限った話ではありませんが、第一印象づくりはイメージづくりやブランドづくりをするうえで、最も重要なテーマなのです。ファーストドリンク、すなわち「ファーストアクション」を意識し、お客さんの最初の「ＷＯＷ（驚きや喜びを表わす感動詞）」を高めなければいけません。

店内タイマーは最低3つ

～時間感覚がサービスを左右する～

飲食店では、サービスの基準のひとつに、「時間」の管理があります。料理の提供時間、待ち時間、サービス間の時間、ご案内などのサービススピードなど時間に関する感覚、体感までを含めた「時間」の管理が、特に飲食店ではサービスの良し悪しのイメージを左右します。

みなさんはお店で、料理が出てくるのを何分ぐらい待てますか？

業態によって、かなりの差があると思いますが、一般的に、ファミレスのような日常使いのお店なら料理が20分くらい、ランチタイムなら8分、先述の居酒屋でのファーストドリンクが出るまでの時間が2分くらいまでと言われています。もちろん、気分が悪い日やお店のスタッフの態度が悪ければイライラして、同じ時間でも長く感じてしまうでしょう。

許容できる待ち時間の感覚は、その時々のシチュエーションによっても変わるということ。ランチタイムなどは時間が限られているだけに、待つ時間が長いとイライラ感は増幅します。ただ、料理の待ち時間に対するクレームは、お店の対応次第で、ある程度は防げます。

例えば、女性のお客さんが「注文したパスタはまだ?」とイライラしているのに対して、スタッフが「すぐ出ます」と応えたらアウト! 具体的に「何分かかります」と説明しなければならず、特に女性客にはあいまいかつ不正確な返答は禁物です。

また同じように、料理提供の待ち時間を聞かれたときに、「もうしばらくお待ちください」「すぐできます」といったように、おざなりに答えてはいけないのです。これではお客さんの不安は消えません。「料理が出てくるまでに、あとどれくらいかかるのか?」ということがはっきりわかれば、お客さんのイライラ感はかなり解消されます。だからこそ、待ち時間を正確に伝えるようにすべきなのです。これは、どんなビジネスでも共通することで、商品を届ける日数、調達日数なども正確に伝えるべきでしょう。

そして、このときに気をつけなければいけないのが、「店内タイマー」の存在。

例えば飲食店には、お客さん、フロア、キッチン(厨房)の〝3つのタイマー〟があるのです。キッチンのスタッフはめまぐるしく動き回っているから、10分なんてあっという間に過ぎてしまう。でも料理が出てくるのを待っているお客さんにしてみれば、実際の倍くらいの長さに感じることもあるでしょう。ケースによっては、店内タイマーは3つどころではありません。

大切なのは、それぞれのお客さんに対するサービスの進行状況を時間で管理しておかなければならないことです。伝票に「オーダー時間」「提供時間」を書くなどして、時間の流れをお店全体の空間として感じ取れるように、伝票とテーブルを見比べる。そうすれば、「オーダーから20分も経っているのに、まだ料理が出ていないから、キッチンの状況を確認しよう」「まだ食べ終わっていないから、料理をゆっくり提供しよう」といった具合に、お客さんの状況に合わせたサービスを提供できるとともに、キッチンとお店の特徴を理解することもできるようになるのです。

そして、キッチンに料理の提供時間を聞くときは、必ず「あと○分くらいか」を確認するようにします。「すぐできるよ！」とキッチンのスタッフが答えても、「すぐ」の感覚は人それぞれ。〝あとは盛りつけるだけ〟かもしれませんし、〝いまからすぐにつくり始める〟のかもしれません。

後者の場合、「すぐにお持ちします」と、そのままお客さんに伝えてしまったら大変。「すぐ来ると言ったのに、いつまで経っても来ないじゃないか！」とクレームに発展しかねません。10分かかるなら「いまから10分かかります。お待ちいただけますでしょうか？」とお客さんに丁寧に伝えるべきなのです。

何が時間の経過に影響を与えるのか？

でも、多くのビジネス書などでは「時間は平等に与えられている」的なことが書かれています。しかし、一日は同じ24時間でも、人によって感じる速度が違うのも事実です。

ある人は、一日を長く感じるし、「一日があっという間に終わってしまった」と短く感じる人もいるのです。一人ひとりの〝24時間〟があるのです。これは、いまその人が置かれている環境や、年齢によっても違ってきます。一般的には、同じ1時間でも、情報を詰め込んだ大人のほうが子どもよりも時間の経過が早く感じるのです。これに「楽しい」など、プラスの感情が加われば、時間経過を感じる速度はより加速されていくのです。

また、「代謝」が時間経過を感じる速度の違いに影響を与えるという実験結果もあります。その実験結果によれば、加齢に伴う代謝の低下によって速度の感覚が変わり、代謝が落ちると、心的時間もゆっくりと流れるようになることが明らかにされています。1分だと思って合図したら、2分経っていたというように、心的時間がゆっくり流れると、時間の経過を早く感じるようになるのです。

このように、飲食店の例から「代謝」の実験結果などを踏まえて、「時間の経過に影響を与える代表的な要因」を次ページの表にまとめておきますので、参考にしてください。

時間の経過に影響を与える代表的な要因

- 問題解決の困難さや解決の難易度が高いほうが、時間の経過が遅く感じる
- バラバラなことをするより、１つひとつの事象がストーリーとしてつながっているほうが、時間の経過が早く感じる
- 時計を頻繁に見ると、時間の経過が長く感じる
- 狭い空間にいるほうが、時間の経過が早く感じる
- 恐怖や苦痛を感じるときは時間の経過が遅く感じて、快楽や楽しさを感じているときは時間の経過が早く感じる
- 情報量が多いほうが、時間の経過が早く感じる
- 代謝が低下すると、時間の経過が早く感じる

ここまで述べてきたように、飲食店では、時間に関しては、かなりナイーブになっています。ファーストドリンクを急ぐのもこんな理由からです。

しかも、ファーストドリンクは、お客さんをリピーターにできるかどうかの最初のハードルのひとつ。特に、時間の経過が早く感じるタイミングだからこそ、しっかりとスピーディに対応できれば、お客さんの第一印象は良くなり、リピーターになる確率が高まるのです。

サービスが良いか悪いかは、「店内タイマー」のコントロールの良し悪しにかかっているのです。

なぜ第一印象は変えられないのか？

ビジネスやプラベートでも「第一印象に自信がない」という人は多いでしょう。第一印象で悩む人は結構います。事実、筆者も含めて多くの経営者は、この第一印象には特に気をつけています。

なぜなら、第一印象は、よほどのことがない限り変わらないからです。

初対面の人と会ったときは、「感じの良い人だ」「なんか合わなそう」というように、漠然と相手を判断してしまいませんか？　でも、一度その印象を抱いたなら、それはなかなか修正しにくいもの。むしろ、その印象のまま、どんどんイメージは膨らんでいくことになるのです。

だからこそ、ビジネスシーンなどにおいては、初対面で好印象を与えることができれば、そのイメージは最後まで崩れにくく、良い条件でビジネスを進めていけるのです。

心理学の世界では、これを「初頭効果」に影響されると言います。人の記憶に最も残るのは〝最初〟か〝最後〟なのです。

ここで、アメリカの心理学者ジョージ・ミラーが、この「初頭効果」に関して行なった実験結果を紹介しましょう。ある人物について記述した文章を次のように2種類用意し、学生たちに読ませてどういうイメージを持ったかを調べたものです。

① **文章の最初**：外交的　**文章の後半**：内向的
② **文章の最初**：内向的　**文章の後半**：外交的

この実験結果では、①の文章を読んだ学生は、この人物を「外交的」と捉え、②の文章を読んだ学生は、この人物を「内向的（非外交的）」という印象を持つ傾向が見られたのです。

また、ポーランド出身の心理学者ソロモン・アッシュによる「印象形成実験」という実験でも、同じような結果が出ています。この実験は、中心的特性がその人物の印象形成に及ぼす効果について検証したものです。

印象形成とは、相手を認識するときの主要な側面のひとつです。「容貌・声・身ぶり・風評」など、他者に関する限られた情報を手がかりとして、その人物の全体的な人間像を推論していきます。実際の実験では、次のように架空の人物の特徴をいくつか挙げていき、被験者に人間像を推論させます。

・**第1のリスト**：「知的な・器用な・勤勉な・温かい・決断力のある・実際的な・用心深い」人
・**第2のリスト**：「知的な・器用な・勤勉な・冷たい・決断力のある・実際的な・用心深い」人

結果、第1のリストの人物は温かい人、第2のリストの人は冷たい人という印象を持たれました。人は個々の情報を全体的に合成するのではなく、情報の中で重要と思われる部分（＝中心的特性、ここでは両者で異なる性質「温かい」「冷たい」）に多くの人が着目したのです。

そして、この実験では、さらにもうひとつ架空の人物像を次のように設定しました。

・**第1のリスト**：「知的な・器用な・勤勉な・温かい・決断力のある・実際的な・用心深い」人
・**第2のリスト**：「嫉妬深く・頑固で・批判的で・強力な・勤勉な・知的な」人

この2つのリストを用いた実験結果では、第1のリストの人物像は「知的」という印象を持ち、第2のリストの人物像は「嫉妬深い」という印象を持つ傾向が見られたのです。すなわち、この実験のように、列挙された人物像の特徴がランダムで共通点が見出せない場合、〝先頭の印象〟で人物像の違いを判断してしまうことがわかったのです。

これらの実験結果からもわかるように、先頭の印象、つまり第一印象はすごく重要で、その印象は後からなかなか変えられないのです。

■第一印象は3秒で勝負する

さて、ここまで第一印象の重要性を解説してきましたが、その第一印象は3秒で決まってしまうと言われています。

その第一印象に影響を及ぼす主な要素は、視覚、聴覚、そして、言葉。これは、アメリカの心理学者アルバート・メラ

人は初対面の相手を何をもって判断するのか？

視覚（見た目）による要素（55%）	聴覚による要素（38%）	言葉づかいによる要素（7%）
身だしなみ、顔の表情、動作、姿勢、洋服のセンス、色使い、目線、手ぶり　など	声の大きさ、声の質、トーン、はぎれ、スピード、抑揚　など	グリーティング、敬語、品性、内容、組立、ストーリー、専門用語の正確性　など

ビアンが「初対面の人を、人は何をもって判断するのか？」について検証する調査を行なった結果に基づいており、その調査結果は右の表のとおりです。

この表からもわかるように、視覚の占める割合はなんと55％もあるという結果が出たのです。視覚の部分がそれだけ大きいのなら、確かに3秒もあれば相手のイメージはでき上がってしまうのかもしれません。

だからこそ、繁盛しているお店は、特にお客さんの入店時に気をつかっているのです。前で述べたように、飲食店におけるサービスの中でも、入店時と会計時の対応が肝心です（なお、会計時の対応についてはⅣ章で後述します）。

例えば、入店時に案内の仕方が悪い、スタッフがろくに挨拶もできない、良い席に案内してくれない、スタッフがツンツンしている……など、お客さんがこんな悪い第一印象を持ったら、その後も悪いイメージを抱きながら飲食が進んでしまい、最後の会計時には些細なことでもクレームとなって返ってきます。

ですから、第一印象を良くして幸先の良いスタートを切る。たった3秒のことです。3秒でアドバンテージを持てるのだから、第一印象で勝負するべきなのです。

では、以下で第一印象を良くするための秘訣を紹介していきます。

見せかけから変えて「ファーストアクション」を刺激的にする

この第一印象で大切なのが、「ファーストアクション」です。

このファーストアクションとは、文字どおり、お客さんとのファーストコンタクト時の最初のしぐさ、最初の動きといったことで、印象形成に大きな影響を与えます。

では、ファーストアクションをより効果的に見せるためにはどうしたらよいのでしょうか？

それは簡単です。「見せかけから変わる」ということです。

人生を劇的に、手っ取り早く、自分を変えたいなら、〝カタチ〟から入ることです。

これはより良い自己を確立するための方法でもあります。つまり、容姿も含めて行動から入ることで物事を好転させる。これが、はじめの第一歩「ファーストアクション」を変えるということです。

「成功したのは、ファーストアクションを他人と差別化してきたことに尽きる」と言う成功者も非常に多いのです。実は、ファーストアクションは、ある程度繰り返して習慣化するようにすれば、より強固でイメージの良いスタイルをつくり上げることができます。

飲食店でも、このことを重要視しています。だから、見せかけから変わるために、例えばネームプレートを派手にしたり、名刺を派手にしたり、メガネをちょっと変えてみる。満面の笑顔もそうです。

これまでのビジネスの世界では、「心を変えなければ行動は変わらない」という教訓が常識として蔓延していました。だから、精神面を叩き直す「根性至上主義」による指導が主流だったのです。しかし、心を変えるには時間がかかりすぎます。ひとつの事象を改善させるのに数年かかることも普通です。

ところが、心を変えることを待つより、そんなことは飛ばしてしまい、行動を先に変えたほうが手っ取り早い。その行動を習慣化できれば、能力が向上するスピードが格段に早くなるのです。CP（コストパフォーマンス）が求められる現代においては、「カタチから入って習慣化させる（見せかけから変わる）」というのは最適な方法と言ってもよいでしょう。カタチから入ることをバカにしてはいけません。カタチから入って外面を鍛えるという方法は、いまの時代を生き延びるためには最適な能力開発法と言えるのです。

カタチから入るとは、こう考えてください。

「ファーストアクション」で素早く自分ブランドの価値を高められる

⬅

心も早めに変わってくる
⬅
そして、違う人生がやってくる

つまり、これからの人生の方向性をも決めることになるのです。

ビジネスシーンで成功するためには、この「ファーストアクション」はとりわけ重要で、まず「ここが人とは違う！」ということを、どうアピールできるかがポイントです。そして、「面白みがあるな」「ちょっと魅力のある人物だ」「他の人とは違うな」と思わせるのです。とにかく相手に、「できそうな奴」「何かをしそうな奴」というイメージを植えつけるのが重要で、それができたら、全力で「結果」をつくります。

この〃最初の実績〃が、そのビジネスパーソンの今後の仕事の方向性を決定づけ、その人のブランドとして根づいていくのです。

人は自分をうまくブランド化できれば、自分の価値が高まります。周りに集まる人の質と数が変わります。そうなれば、ビジネス運（仕事運）が良くなり、良いお客さんにも恵まれてきます。

また、進むべき方向もはっきりしてきて、自分の強みなども上手に相手に浸透させることができ、さらにはプライベートもうまくいき始めます。

このように、自分をうまくブランド化できれば、予想以上の力を発揮できるようになるのです。

ファーストアクションがうまくいったら、すぐに自分のブランド化に着手しましょう。

お客さんからの「ファーストWOW」をより大きなものに

ここまでで、第一印象がいかにビジネスにおいて大事なことかは理解できたでしょう。

そして、さらに成功をたぐり寄せるためには、「ファーストＷＯＷ」を意識することが必要です。第一印象を良くして相手により大きなインパクトを与えることを、筆者は「ファーストＷＯＷ」と呼んでいます。

筆者はお店をプロデュースしたり、初対面の人と会ったりするうえで、この「ファーストＷＯＷ」をかなり意識しています。

例えば、店舗プロデューサーに店づくりを依頼すると、外装ばかり目立たせるケースがあります。もちろん、それはお客さんの目を引くという意味では効果的なのは間違いありません。しかし、外装で目を引いてお客さんを入店させるまでは良いかもしれませんが、お店に入ったら殺風景で「わくわく感」がまったくない内装だったら、期待が大きかった分、かえってマイナスイメージが強くなるでしょう。要するに、単純に服装がおしゃれで奇抜だとか、外装のデザイン性が高ければよいかと言えば、そうではないのです。

「何かやってくれそうだ」「この人といると、これからが楽しそうだ」とか、お客さんなど、相手をわくわくさせる期待感を与える何かがないといけません。その何かをプラスすることです。この「わくわく感」を伝えられる人は、どんな局面でもやはり強い。

いくらハンサムで顔が整っていても、まるでモテない人がいるでしょう。モテる人は決して外見がカッコ良くなくても、やはりモテるものなのです。

しかも、先述したとおり、第一印象の差は後々大きなものになってきます。したがって、「ファーストWOW」力を高めることで、相手に良い印象を強く与えれば、その後の関係づくりを有利に進められるのです。

では、「ファーストWOW」を高めるポイントをいくつか紹介しておきましょう。

・一瞬で相手に強い印象を与える「仕掛け」と「インパクト」があること

名札が派手、おじぎが丁寧、両手で握手をするなど。ちなみに筆者の場合は、初対面のほとんどの人が名刺と眼鏡に注目します。まず、筆者の名刺は折り畳みタイプで8面あり、これだけでも目立ちますし、紙も特注。さらに、表にシンプルな似顔絵が書いてあります。実はこれ、25年ほど前にアントニオ猪木さんから名刺をいただいたときに、その名刺に猪木さんの似顔絵が入っていて印象に残ったので、それ以来真似しています。たいてい「えー面白い」「カッコイイ名刺ですね」と反響がありますし、そこから話題が広がっていくのです。眼鏡も特注で同じものは他にはないので、必ずと言うほど、最初に会った人は眼鏡のことに触れてくれます。眼鏡は結構、相手もツッコミやすいポイントなのです。

・自分のブランドに合った考え方や視点、そしてコンセプトを理解していること

いくら初対面の相手に最初にインパクトを与えても、自分のイメージ、つくりたい自分のブランドの方向性と違っていたら意味がありません。また、自分のブランド化はあくまで最初が大切。ファーストＷＯＷを考えるとき、この視点を忘れてはいけません。

・演出と自分のブランドのコンセプトを合わせること

仮に、あなたが「バリバリ成績を上げ、お客さんの立場や視点に立ち、きめ細やかな対応ができる気の利いた営業マン」といったイメージで行きたいとしましょう。にもかかわらず、髪がボサボサ、鼻毛は出ているわ、口臭もする。服はよれよれで、話すときに相手

の目を見ない、そのうえ猫背だったらどうでしょう？　第一印象は最悪です。とても、その人が描く自分ブランドのイメージには程遠い。つくり上げたい自分ブランドのイメージと演出をすり合わせておく必要があります。

・ビジュアルなマーチャンダイジングを実行すること

眼鏡や服装、ファッションに特徴があったり、健康的だったり、服装や髪形など全身から醸し出す雰囲気をトータル的につくり上げておく必要があります。

そうしたビュジアルの次に、初対面で相手を取り込む方法、それは「笑顔」です。シンプルですが、やはりとても効果的。なぜなら、第一印象の多くは、はじめてその人を見たときから3秒以内に決まるからです。出会った瞬間、相手は脳にその人のイメージ画像を保存します。だからこそ、３割増しの笑顔を見せるのです。人の心をつかむには、心を動かすこと、感情を揺さぶること。それには、笑顔のスタートが欠かせないのです。

気をつけるべきポイントはまだあります。相手の自分に対する第一印象を良くしようとビジュアルを意識するあまり、高価なブランドの装飾具をたくさん身につける人がいます。おしゃれの感覚が相手の趣味と合わない場合、逆にマイナスに作用する可能性があるので、無難な装いにしておいたほうがいいでしょう。「ブランド＝おしゃれ」ではありません。

・最初の一言目の言い方、トーン、グリーティングの言い回しに気をつかうこと

会話をする際に発音がはっきりしない、声が小さくて言葉が聞き取りにくい人がいます。初対面では「もう一度言ってください」と言うのも気が引けますし、そもそもこの人と会話をしたいという気持ちが一挙に薄れてしまいます。これでは、あなたのファーストＷＯＷは一挙にしぼんでしまいます。相手に余計な気をつかわせないためにも、はっきりした発音と大きな声で話すように意識しましょう。

また、これも当たり前ですが、必ず相手の目を見つめて話すことです。そうすることで、真剣さ、誠実さが相手に伝わります。ぜひ、目の表情にも気をつかってください。

繰り返しますが、第一印象づくりは自分のブランドづくりの最も重要なテーマです。「ファーストアクション」を意識し、「ファーストＷＯＷ」を高めていきましょう。

3分でお客さんを虜にする

「いらっしゃいませ。２名様ですね？　ご案内します」

「お客さまのお名前をお聞かせいただけますか？　わたくし、店長の○○と申します」

「今日は暑いですね。○○様のお洋服、素敵ですね」

「おススメ料理は……」

「お待たせしました。生ビールになります」

「お子様、なんて可愛いんでしょう」

このように、繁盛しているお店のデキるスタッフは、なんと最初の3分間で、お客さんの名前を聞いて、お客さんを褒め、お連れさんも褒め、さらにファーストドリンクにいたっては2分以内に提供するのです。

なぜなら、最初の3秒から3分間で勝負が決することを知っているからです。

3秒で相手の心をわしづかみにする「ファーストWOW」については先述しましたが、最初に良いイメージを与えてその後の関係性などを有利に進める重要な要素です。そして、ここで筆者が説明したいのは、「ファーストWOW」の後に、いかに効果的にお客さんに最終決断、すなわち「クロージング」させるかということです。

それは、最初の3分間で相手をどれだけ説得できるかが、成功と失敗の分かれ目にもなるのです。最終的に相手をねじ伏せ、有利に立ちたいのなら、この3分間を制覇しなければいけません。人は初対面で3分も経つと、相手の第一印象はより強固になり、「こんな人だ」と勝手に思い込んでしまうレベルに達してしまいます。

実際のビジネスの現場でも、このようなことは日常茶飯事です。例えば飲食店では、3分あれば、席に案内され、ファーストオーダーまでいくかもしれません。物販店であればお店全体を見渡せるかもしれない時間です。このように3分もあれば、そのお店のことを十分に知ることができるのです。ビジネスで初対面の人と会った場合でも、3分もあれば、名刺を交換して、お互いに挨拶して、ある程度の自己紹介ぐらいはできます。そこで、ほぼ印象は決まってしまうと言っても過言ではありません。

だからこそ、みなさんの私生活でもビジネスでもそうですが、いかに3分間でいかに自分とメニュー（商品）とお店（会社）を売り込むかということを考えてもらいたいのです。

人は3分間で何を決めるのか？
～ウルトラマン方式で勝負～

人は最初の第一印象で相手との距離感を調整してしまいます。相手によって無意識に態度や言葉づかいを変え、人間関係をどうするかといった付き合い方を調整するのです。ここで、「いい人そう」とか「信頼できそう」と好印象を持った相手の話には心を開いて耳を傾け、受け入れやすくなります。

ではなぜ3分間か？　それは人間の集中力と関係があるのです。人がひとつのことに強い興味を持ち続け、深く集中できるのはせいぜい3分でしょう。3分を過ぎると、次第に集中力が失せていきます。だいたい、3分も経つと相手の話はあまり頭に入らなくなってきて、あれこれ他のことを考え出したりします。こうなってしまうと、注文してもらおう、自分を売り込みたいと思っても、説得力も半減してしまいます。

だからこそ、あなたの要求を通すために、最初の3分で勝負するのです。

ところで、最近のビジネスでは「3分間ミーティング」が流行り始めていますよね。「人が頭をフル回転させたとき、本気で集中できるのが3分間」というビジネスの現場での実感から「3分間ミーティング」を行なっているのです。担当からの要点を絞った簡潔な説明、そして社長や上司がすぐに結論と方向性を告げる。これで終了です。この3分間をうまく使い、頭の中が燃え上がるぐらい集中して考えれば、良い結論を得ることができます。

人生は常に選択の繰り返しです。思い起こしてみてください。何か決断を迫られたときに、どんなに時間をかけて考えたとしても、実は最初の3分で決めていたことが最終決断になった、という経験はありませんか？

そう言えば、ウルトラマンは3分間で勝負していましたよね。そして明らかに3分間で怪獣をやっつける段取りを決めていました。だから、儲かっている飲食店は、いつも最初の3分間でお客さんをねじ伏せ、魅了させようとしているのです。商売繁盛は、最初の3分間が勝負なのです。

デイナーは6時45分から予約を入れる?
～次の予約が取れる〝断り方の達人〟～

「おぉ、人気のお店は今日も満席だ」

そんな人気のお店は、週末ともなれば大変にぎわって、満席のため一日に何組ものお客さんに入店をお断りしています。そのようなお店に入れなかったお客さんの中には、はじめて来るお客さんも多いでしょう。

予約をしないお客さんが悪い？　繁盛しているから問題ない？

でも開業後、一度人気になったお店が、あるときを境に閑古鳥が鳴くこともありますし、その一方で、繁盛がずっと続いていくお店があります。その差は何か？

それは、お客さんに対する「断り方」と「お見送りの仕方」にあります。

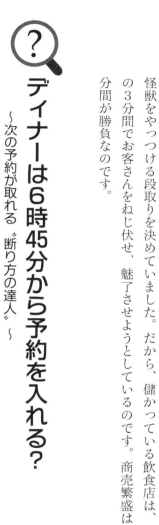

時には、すぐに売上に直結しなくてもやるべきこともあります。非効率のことにこそ、結果的に利益を生むことがあるのです。

「予約していないならムリですね」は禁句

「すいません。２名なんですけど……」

「予約しています？　今日は予約していないと入れませんよ」

やれやれといった感じで、つっけんどんに言われる……あなたも利用客として、お店の入り口でこのように対応をされた経験はありませんか？

客席が満席で、お客さんをお断りすることになったとき、混雑して手が離せなかったので、出口までお見送りせずに、カウンターから丁寧に謝罪してお断りするお店があります。しかし、この程度の〝サービス〟では徐々に売上を下げてしまうでしょう。

お店が満席でお客さんにお断りできるほど繁盛していれば、これほど理想的なことはありません。しかし、「うちは、お客さんをお帰しするほど混んでいる店だ」と天狗になっていてはいけないのです。

実は飲食店は〝マックス商売（繁盛日にどれだけ売上を出せるか＝最高の売上を基準にすること）〟ですから、週末の繁盛する日のお客さんの人数に合わせて席数が設定されています。だから平日は満席にならなかったりします。そこで「週末は予約が一杯だからお客さんの入店をお断りしても仕方がない」と考え、そういう対応をしていたら、いつまで経っても平日はガラガラなままでしょう。ましてや、週末の満席も維持できなくなるかもしれません。物販店でも週末は売れるからといって、品切れしても仕方がないという発想では、やはり平日は売れないのです。まずは、集客しやすい週末によりサービス力を向上させ、評判が良くなれば、予約も増え、あるいは混雑時間を避けて早い時間に来店してくれたりします。また、混雑する休日の入店が困難な場合は、平日に来店してくれるようになるのです。

つまり、お店は放っておいても自然にお客さんが来店する週末から評判が広がり、その結果、平日にもお客さんが来てくれるようになるのです。

だから、繁盛し続ける飲食店は、混雑時に入れないお客さんをお帰しする方法に気をつかっているのです。

入店していないのに「良い店だ！」と思わせる

確かに、満席で入店できないお客さんには、お帰りいただくしかありません。

しかし、そこで〝きちんとした、お帰しの仕方〟ができれば、必ずまた来店してもらえるチャンスに変わるのです。予約して来てもらえる機会も増えることでしょう。混んでいる週末を外して、平日に来てもらえるかもしれません。

〝きちんとした、お帰しの仕方〟というのは、「今日は仕方がない。また来よう」「入れなかったけど、良さそうな店だな」「さすが人気店だけに、店員さんは良い人だ」などとお客さんに思っていただける対応のことです。わざわざ来ていただいたのに入店をお断りしてしまったお客さんに、もう一度足を運んでいただくのが理想です。

そのためには、予約の取り方をいままでと変える必要があります。客席の混み具合を考慮して、予約をスライドさせたり、「通常の利用時間より時間が短くてもいいですか?」と、お客さんの承諾をとったりするなど、工夫をするのです。

そのために必要な留意点と注意点を以下で説明していきます。

▼予約がなく、お店が満席、料理が売り切れの場合

・わざわざお越しいただいた、という気持ちを全面に出す。決して「うちは人気店だから、仕方がない」というような、おごった態度はとらない

・待ち時間を正確に伝える。お待ちいただく方法や順番も明確にする

・携帯やメールでお知らせするなど、面倒でもお客さんが便利なことはすべてやる

▼それでもお帰りになる場合

・混んでいる曜日、時間帯、時期をお知らせし、次回はなるべく混雑時は避けてもらうことなどをお願いしつつ次回の予約につなげる
・名刺などを差し上げ、店長自らがお詫びし、お客さんのお名前なども伺い、これを機会に特別な関係を築き、お店への良いイメージをお客さんに植えつける
・次回の来店につながるように、無期限サービス券などをお渡しする。「来て得した」というイメージを植えつける。お断りしているのに、期限があるサービス券を渡して再来店をせかすのはＮＧ
・丁寧に出口の外までお見送りする

これらのことができると、どうなると思いますか？　そのお客さんは今回はじめて来たのに満席で入れなかったにもかかわらず、その場で予約をし、次に来店した際には、「よう、店長！」とすでにお得意様になっているのです。

さて、この節のサブタイトルにもあった「予約が取れる方法」があります。

一般的な飲食店混雑時の予約状況と利用終了時間・入れ替え時間の例

予約開始時間	予約数	使用テーブル	終了時間	入れ替え時間
18：00	1組	a	20：00	20：30
19：00	4組	b、c、d、e	21：00	21：30
19：30	3組	f、g、h	21：30	22：00
20：00	1組	i	22：00	22：30
20：30	1組	j	22：30	23：00

お店側の予約の取り方には、次のような、ある程度、共通したルールがあります。

・**1組のお客さんの滞在時間**：2時間（時間制限制）
・**次のお客さんの入れ替え時間**：30分
・**予約開始時間**：○時00分もしくは○時30分から予約を取る

これは標準的な予約の取り方です。例えば、a～lテーブルまで12テーブルあって、予約で一杯だとします。その場合、通常は上の表のようなイメージの予約状況になります。

ここで、一般的なオペレーションでは、2つのテーブル（kとl）は予約を取りません。なぜなら、想定外の事由などに対応するためと、当日予約なしで来店されたお客さんに対応するためです。お店は予約だけで成り立ってもよいのですが、1週間すべて予約で埋まるお店などは1％あるかないかです。ですから、週末に行ってみたらいつも予約で一杯、何度か行っても貸し切りだったりしたら、そこそこの評判程度のお店なら、もう行かなくなってしまいます。当日来店した新規のお客さんは予約状況を知らないことも多く、そういう新規のお客さんにも利用してもらわないと、リピーター客だけでは飲食店は成り立たないのです（常に売上構成の３割以上に新規客が必要）。

ですから、２割程度は予約を取らないようにするのです。

先ほどの予約のケースで、利用終了（帰客）時間、入れ替え時間は、前に示した表の右側のように設定します。この予約状況で言えば、例えば、20時30分以降の予約ならａテーブルが予約できますが、それ以前だと予約が取れません。

しかし、19時に予約を入れようとすると、ａ〜ｅテーブルは使用しているので、予約が不可能です。19時開始の予約ですから、入れ替え可能時間が21時30分になり、20時と20時30分から予約されているｉとｊテーブルも使用できません。さらに、19時30分から予約で埋まっているｆ〜ｈテーブルまでも予約で使用できないので、結局、予約が取れません。

そもそも予約を２割取らないようにしているお店なら、何かしらのクレームをつければ、予備席を予約できるかもしれませんが、ここは正当な予約の取り方を明かしましょう。

では、18時45分に予約する場合はどうでしょうか。その場合、終了時間が20時45分で、入れ替え時間が21時15分で、状況は変わらないように思えます。

そこで、利用時間を1時間30分で我慢してお店側にそれを伝えます。加えて、「必ず時間どおりにお店を出ますから」と強調します。なぜなら、その後の入れ替えのための余裕の時間を30分確保しているのは、バッシング（片づけ）とセッティング（準備）の時間を考慮しているためです。それだけなら本来は5分もあれば大丈夫なのですが、前のお客さんが時間どおりに帰らなかった場合も計算して合計30分という余裕を持った入れ替え時間を設定しています。

したがって、「必ず時間どおりに帰る」ことを強調すれば、お店側は安心し、この30分の入れ替え時間を10分程度に短縮できます。そうすると、次にそのテーブルを予約したお客さんを20時25分には案内が可能となります、すなわち、前の表で言えば、20時30分から予約されているjテーブルが18時45分から20時15分まで使用可能になります。もちろん、18時15分からの予約なら、iテーブルも使用可能になります。

この〝15分ずらす〟ことと〝必ず終了時間を守る〟ことをお店側に伝えるだけで、ほとんどの場合で、予約で一杯のお店でも予約が取れるのです。逆の見方をすれば、お店も上記方法をお客さんに提案すれば、顧客満足度と回転数、売上を上げられるのです。

また、お客さんの視点から言えば、15分単位で予約を取るメリットは、実は他にもあります。19時など、00分や30分という切りの良い時間から開始すると、多くの他のお客さんと開始時間が重なり、料理の提供までに時間がかかったり、サービスが低下したりすることもあります。そもそも19時というゴールデンタイムはお店のほうも予約を抑えているケースもあり、15分ずらせば、簡単に予約させてくれる可能性があるのです。要するに、予約を15分単位でずらすだけで、予約が殺到するお店でスマートに飲食を楽しめるのです。

店内に潜むワナ
～お客さんもここに導かれる～

心理術は、政治でも日常生活の中でも、いかなる場面でも利用されてきました。みなさんも知らぬ間に、ある思惑に誘導されることが多いのです。飲食店をつくり経営していくうえでも、至るところで心理術を多用しています。

実は、飲食店、特に大きなお店ではお客さんが店内を「左回り」で歩くように、動線が設計されているのです。もちろん、設計上、不可能なら左回りにはしませんが、なるべく左回りとなるように店づくりをしています。

お店の入り口で左右に客席が分かれている場合、「お好きな席へどうぞ」と言われた場合、7：3の割合でお客さんは左側に進まれます。

これは、飲食店だけではありません。例えば、スーパーマーケットやショッピングセンターでも、お客さんが店内を「左回り」で周遊できるように動線が設計されています。

そうした動線設計になぜしているのかと言えば、人間は左側に心臓があるからです。左側に回るときは周囲の空間を違和感なく感じ取ることができるのです。陸上のトラックも左回りになっているのは同じ理由です。気持ちよく感じやすく、反対に右側に回るときは気持ち悪く感じやすいという人間心理をもとにしているからだと言われています。つまり、スーパーなどは、店内をお客さんにとって居心地の良い空間だと感じさせ、滞在時間を少しでも長くして売上を上げるために、こうしたレイアウトにしているのです。

飲食店では、必ず店内を周遊しないといけないわけではありませんが、なるべく左回りに、また左側に大きなオブジェや目を引くマグネットポイントなどをつくるのです。

筆者が主宰する「カーヴ隠れや」は、店内が迷路のようになっており、左側に回るときは、空間が広がるように、また右側に曲がるときはあえてバリアーを多くして、進むのが険しいようにしています。

Column

「とりあえず生！」と注文する人は年収がバレる⁉
～お金に嫌われる残念な人の習慣～

所得の差で飲食店で注文するもの、気をつけていることに差はあるのでしょうか？　そんな疑問から全国の「カーヴ隠れや」と筆者のクライアントのお店で、年収300万円以下、500～800万円の中流、そして1000万円以上の高所得者に分けてアンケートを取って「飲食に対する意識調査」を実施しました。

ビジネスパーソンの中には、遊びたくても遊べない、いつも仕事に追われている人も少なくない。だから、「食事ぐらい、好きなものを食べたい！」という人も多いのではないでしょうか？

しかし、食べ方、飲食店での注文の仕方で、収入に差が出てくるとなると、ただ何も考えず食べたいだけではダメなのかもしれません。

実は、ビジネスで大きな成功を遂げている人は、何よりも大切にしているものがあるのです。

それは食に対するこだわりや飲食店での外食の仕方に表われてくるのです。

高所得になればなるほど、体づくり、健康管理に直結する「飲食店の利用の仕方」を強く意識していることが、今回の調査で明らかになりました。

食事をしっかり管理すること、これが普段の生活やビジネスを管理することにつながります。最大の資本である自分の心と体をベストな状態に保つことができるからです。エネルギーやストレス、欲といったものをどうコントロールして、最高のパフォーマンスを生み出し続けるか、それには〝食べ方〟に気をつかう必要があります。

　逆に言えば、食べ方、すなわち、何を意識して食べているのかを見れば、その人のビジネスパーソンとしてのパフォーマンスが予測できるのです。これは、ビジネスの社交の場でもある飲食店での利用の仕方を見ればよくわかるのです。

　意識調査の結果、特に年収300万円以下の人と1000万円以上の人の間で明らかな違いが判明したのです。

　特に、低所得者には飲食店利用において、お金を持たざる、残念な理由の共通項が浮き彫りになりました。

■高所得者はどのように体型を維持しているのか？

　まず、体型維持やダイエットをする場合、「激しい運動をする」か「食事に気をつける」かのどちらを優先するかを聞いたところ、年収500〜800万円あたりになってくると、ジムに通うという回答が多くなります。年収300万円以下の若者も〝肉飾男子〟という言葉が流行っているように、比較的ジムに通うことが多くなってきています。お金と時間にも余裕ができてきているのです。

　しかしながら、年収1000万円を超えてくると事情が変わってきます。単にお金をかければいい、というものではなくなってきます。実は高所得者はジムに通い続けることはありません。

　高所得者ほど、忙しい。スケジュールの変

更も多いとなると、定期的にジムに通うのは、やはりムリ。また、単純なマシーン運動は好まないようです。だから、日常的に健康管理や体型維持のためには、自分の体に合った食事をとるほうが、ジムに通って筋力トレーニングをするよりも楽で楽しく痩せられ、健康にも良いと考えているのでしょう。ちなみに、消化器官の働きが良くなれば、免疫力がアップし、細胞の再生も高くなり、アンチエイジングにも良いのです。

また、日常生活の中でよく体を動かしている、なるべく階段を昇る、なるべく歩く、そして仕事をしながら「ながら運動」もしているのが高所得者の特徴です。一見、地味な行動でも、毎日の習慣を積み重ねていくことで、日々体力が強化され、余分なエネルギーを消費できて、しなやかで健康的な体づくりが実現できているのです。

最近は、「炭水化物抜きダイエット」や糖質も含めて抜く「ケトジェニックダイエット」などが流行っていますが、低所得者ほど炭水化物を抜き、高所得者ほど、ご飯（米）をしっかり食べています。パンよりも徐々に糖となって脳に送り込まれるご飯が良いということを高所得者は実感しているからかもしれません。

つまり、高所得者は、流行や毎年変わる新しいダイエット情報などにはあまり影響を受けないのです。

■高所得者は乾杯ドリンクにビールを頼まない

また興味深いのは、最初の1杯目のドリンクに何を頼んでいるのか。

とりあえず、乾杯ドリンクは「生ビール」と決まっていた時代もありました。以前は、最初にビールで乾杯するのは一般的な光景でしたし、筆者も仲間と飲む最初の1杯が、たまらなく美味しく感じたものです。いまは、さほどそんなシーンは見かけなくなってきました。

そのため、その1杯目のドリンクに所得ごとの特徴が表われてきたのです。

どうも高所得者ほど、最初の1杯目のお酒からこだわる傾向があるようです。もちろん、まずは生ビールという方もいますが、たいていは1杯目からウイスキーをロックなど、ハードなリキュールやワインを飲む方が多い。高所得者ならではの〝こだわり〟があるようです。つまり、高所得者の人で、「いきなり、生ビール」を注文することは極端に少ないのです。

とにかく、最初の1杯目のオーダーは結構印象に残ります。それもあって、高所得者は他に流されず、お酒にもこだわりがあるということをアピールして、印象を良くしてスタートを切るのです。

高所得者ほど、演出に注力しているのです。

■何よりも「質よりも量」の低所得者

その他のアンケート結果から透けて見えてくるのは、低所得者に顕著な〝質より量〟の食生活サイクル。

「夜中にラーメン屋をハシゴした」という低所得者もいます。マナーも二流です。「昼食は一人でスマホを見ながら」「上司と一緒で食事中にスマホをいじりすぎたせいで、怒られた」……、ここまでくるともう病気です。

低所得者の食事の特徴

- ●ファーストドリンクはとりあえず生ビール！
- ●大盛りが無料なら必ず頼む
- ●食事を変えず運動してダイエットする
- ●日ごろ、ご飯（米）などの炭水化物を抜いている
- ●外食は、あまりビジネスの場としない
- ●とりあえず野菜サラダをオーダーする
- ●シメに麺類を食べる
- ●体重計に毎日乗っている
- ●カロリーと糖質の制限をしている
- ●忙しい日はランチを抜く
- ●ランチでよくスマホや携帯をいじる
- ●時間があれば仕事を優先する
- ●よく行く、もしくは好きなお店は、ファミレス、ファーストフード、ラーメン、回転寿司、カレー専門店、牛丼屋
- ●バイキングでは、いつもお腹一杯食べてしまう
- ●朝ご飯、昼ご飯に野菜ジュースや豆乳を飲む
- ●食べるのが早い
- ●外食でクレームをつけない
- ●夕食がレトルトやカップラーメンのときが週１回ある
- ●外食で異物が混入していても、さほど気にしない
- ●中国産も気にならない
- ●焼肉はＡ４やＡ５ランクの肉にこだわらない
- ●野菜ジュースを週２、３回飲む
- ●缶コーヒーを飲むことがよくある
- ●少し残す
- ●会話は弾まず、常に騒ぐ
- ●会話が少ない
- ●食事が中心、もしくは飲みが中心
- ●時間が待てない
- ●食べる姿勢が悪い
- ●シェアが多い
- ●薬味や調味料を比較的多く使用する
- ●紙ナプキンを多く使用する
- ●お店のスタッフにからむ
- ●店内クイズなどに参加する
- ●会員に入会した、もしくはしている
- ●食事中、勉強や仕事をしている
- ●靴の脱ぎ方が汚い

低所得者丸出しで、「会社の費用で泊まったホテルのバイキングでは苦しくなるほど食べる」のも、低所得者の〝計画性のなさ〟を露呈しています。

　また最近は「ぼっち充」が流行し始めましたが、これも低所得者に多い。いまや、どんな飲食店にでも一人でやってきます。フレンチの高級店でも一人で利用している光景を見かけることが増えてきました。ただ食べるのがやけに早い。食事を楽しんでいるようには到底思えません。「ぼっち飯」ゆえの早飯の多さも低所得者ならではでしょうか。

　逆に高所得者は、一人で食事をしません。必ず誰かと会食する傾向があります。どんなときでも出世や収入増につながるチャンスがあると考えているので、食事も貴重な情報交換の場として捉えて、必ず誰かを誘ってランチや夕食に出かけます。

　なお、参考までに、前ページに低所得者の食事の特徴をまとめておきます。

Column

店内での行動からお客さんのタイプがわかる!?

朝早いカフェ、夕方近いファミレスなどの飲食店には、様々なお客さんがやってきます。早朝は出社前、夕方はこれからお出かけの前にちょっと飲食店に立ち寄るお客さんは、いつもの飲食店の利用とはちょっと違った趣きがあります。そんな、いつもとちょっと違ったしぐさから、その人の人格や性格を読み取ることができるのです。ここでは、そんな行動やしぐさに注目して楽しんでみましょう。

飲食店の中のお客さんは、寝ていたり、音楽を聴いていたり、読書をしていたり……、行動は人によって様々なのです。「飲食店は、行動の制限がある中で私生活とビジネスのオンとオフが混在した空間」です。そんな飲食店の利用方法やその滞在中のしぐさから、その人の行動パターンや性格がわかるのです。

■席で化粧をする

朝早いカフェ、出勤前の朝ご飯、そして準備、夕方これから遊びに行くのか……飲食店で1人化粧をしている女性がいます。それは、トイレの中ではなく、面倒くさいのか、席に座ったまま化粧をしています。

まさに、「女王様タイプ」です。

周りの目を気にしない、「自分とごく親しい人物」と「それ以外の他人」とをはっきり区分けしているタイプです。「それ以外の他人」は眼中になく、単なる光景程度と思っているのです。彼女たちが、お店の中で淡々と化粧に励むことができるのは、自分をどういう目で見られていても関係ないというタイプです。

■ポータブルオーディオで音楽を聴く

周りの世界、周囲をシャットアウトし、自分の世界に閉じこもる性格です。「ナイーブで内気、内に籠るタイプ」です。

音楽で周囲をシャットアウトして、人と積極的に接するのが苦手ですが、実は寂しがり屋なのです。このタイプと恋仲になりたいなら、あるいは商談を進めたいのなら、二人きりでスタートしてはダメです。複数の集まりで始めて、少し打ち解けてからアプローチしていくのがベターです。最初はガードが固めですが、一度心を開くと深い関係になれるでしょう。音楽を聴いているだけでなく、勉強や仕事をしている「ながら音楽」のお客さんも多く見受けられ、カフェという雑然とした雰囲気の中で集中力を高められるマイペースなツワモノもいるのが最近の特徴です。

■常にスマホを手放せない

「リアルぼっち充」もしくは「寂しがり屋」に分かれます。

ひとりぼっちを楽しむことに慣れ、SNSで世界とつながっているだけで満足できるタイプか、ひとりでいることを極端に恐れていて、SNSで常に誰かとのコミュニケーションを求めて没頭しているタイプのどちらかです。見かけだけではわかりませんが、カフェモカ、ラテ、カプチーノなど、ほのかに甘いコーヒーを飲んでいるお客さんは後者が多いようです。

■寝ている

よくファミレスでは見かける光景です。居酒屋では間違いなく、底なし酩酊状態かもしれませんが、ファミレスでは違います。マンガ喫茶とも違い、オープンなところで居眠りする人は、どんなタイプなのでしょうか？

実は「大雑把なサバサバタイプ」です。

あまり人目や細かいことを気にせず、大雑把でサバサバしている性格の持ち主でしょう。とにかく、人前で無防備な姿をさらせるのですから、余計な社会習慣の鎧をつけない、気軽に付き合えるタイプかもしれません。ただ、パートナーが髪型を変えても気づかない無頓着なタイプでもあるので、恋人やビジネスのパートナーにするのは物足りないかもしれません。当然メールやSNSの返信などはマメではなく、集団行動にも向かないかもしれません。ただ、意外にも、ポジティブな性格だったり、良い方向に向かえば、冷静な判断力も持ち合わせていて、しかもある得意分野を持っているため、困ったときには頼りになる存在です。

■趣味に時間を費やしている

飲食店で、趣味に没頭しているお客さんを見かけることがあります。本を読んだり、塗り絵をしたり、ビデオを観たり、音楽を聴いたり……。これならまだ良いのですが、パズルやらプラモデルが出てくると、かなり長く滞在してしまいます。人生ゲームをテーブルの上に載せて始められた場合には、「家でしてください！　商売になりません！」と言いたくなります。人生ゲームは稀だと思いますが、飲食店で趣味に興じるお客さんは多数いらっしゃいます。とにかく、「周りの目を気にしない自由人」なのです。手持ち無沙汰な時間を嫌うのでしょうか? それとも、常に何かをしないと落ち着かないのでしょうか? 良く言えば行動派。基本的には一人客、子連れ客(特には、お父さんとお子さん)、若者の集まりに多く見られます。

■固定位置をキープしたがる

いつも座るところが、決まっているお客さんは結構多いものです。このお店は、「角の席が落ち着くんだ」「このお店は、個室が落ち着くんだよ」とそれぞれのお店に、座る席が決まっているお客さんがいます。このようなお客さんは「状況変化に順応できない」タイプです。状況の変化に合わせたくない、もしくは同化したくないというように、自分が何かに影響されてしまうことを無意識に感じ、特別扱いしてほしい、自分を見てほしいと思っているお客さんなのです。

Ⅳ

リピートしたくなるお店は
ウェイトレスが右側からささやく！

～サービス心理学～

繁盛店は入り口に異常なほど気をつかう

お店に入ると、調理をしながら、チラッ。料理を運びながら、チラッ。

なぜか儲かっている飲食店のスタッフは、いつも入り口に視線を送って気にかけています。

「たいそう美人なお客さんが来店だ」と、男性スタッフは満面の笑みで、お客さんを出迎えます。

でもこれ、美人のお客さんだから？　それとも別に何か理由が？

これは、Ⅲ章でも説明した「初頭効果」を意識して、その後のサービスを優位に進めるためなのです。お店に入ると、「いらっしゃいませ！」と威勢の良い声が聞こえてきますが、これも、飲食店のマニュアルどおりの対応です。一般に、飲食店のマニュアルはきめ細かく決まっていて、15度、30度、45度の3種類のお辞儀の使い分けなども規定されています。

個人的には、お客さんなど誰かに迷惑をかけたなら、一生懸命にただひたすら真摯に謝ればいいと思うのですが、マニュアルではそう書いていません。

しかし、「このお客さん、ちょっと怒っているから、お辞儀は30度でいいか」「水をこぼして、お客さんにかけちゃったよ。この場合はさすがに45度だよな」と考えている時間があるなら、さっさと謝れよ！（笑）と言いたくもなるというものです。

このように初動対応を誤ると、お客さんを余計に怒らせてしまうでしょう。

飲食店では、お客さんに笑顔で接する、復唱する、はっきりとグリーティング（接客言葉）を言う、きちんと配膳し、テキパキとバッシング（片づけ）をする、きれいに清掃する……、これらは接客サービスの基本で、1つひとつの水準を向上させていくことが大事なのは、言うまでもありません。

営業においても、その基本としての販売プロセスが、①アプローチ、②ヒアリング、③プレゼンテーション、④クロージング、⑤フォローの5つに分かれて準備をしていきます。それぞれのプロセスごとに、営業マンは適切な行動をすることが求められるのです。

飲食店で、もうワンランクアップしたホスピタリティ（おもてなし）を実現させるには、サービスの基本を向上させる必要がありますし、お客さんは〝お店のスタッフと料理やサービスを常にセットで見ている〟ものなので、それを念頭においてサービスの向上に努めなければいけません。

例えば、デパートに洋服を買いに行ったとします。販売員が販売の基本プロセスに沿って適切なサービスをしてくれれば、販売員に対する評価も高まりますし、販売員だけでは

飲食店のサービス全体の流れ

第1ステップ	お出迎え、ご案内
第2ステップ	中間オーダー、中間サービス、中間バッシング ＊中間とは、お客さんが滞在している間のこと
第3ステップ	最終バッシング、セッティング ＊最終とは、お客さんがお帰りになった後のこと
第4ステップ	お会計、お見送り

なく商品である洋服に対する評価も高まり、購入という行動につながるわけです。

飲食店でも、お出迎えからお見送りまで、サービスには流れ、つまり「ストーリー」があります。その流れを止めずに、お客さんに終始心地良く過ごしてもらえるようにストーリーを演出することが、優れたホスピタリティの実現へとつながるのです。

このストーリーづくりで大切なのは、お客さんに合わせた演出をすること。はじめにお客さんのお店の利用目的を推察して、カップル、家族連れ、友達同士など、それぞれに相応しい演出を行なうのです。そのためには、サービスの始まりの瞬間からお客さんをよく観察していなければなりません。つまり、「入り口」が重要です。お客さんが一歩店内に足を踏み入れたときから「ストーリーサービス」が始まっているのです。

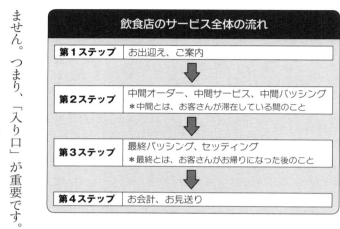

飲食店では、お客さんへの一連のサービスのフローを右上の図のように規定しています。この図からわかるように、飲食店では、お客さんがお店に滞在する時間を快適に過ごしていただくためのサービスや仕掛けなどをストーリーの中で展開していきます。そして、このストーリーのプロローグが最初の「入り口」部分ということになります。

だから、入り口は一連のストーリーを良い印象でスタートさせるための最初のステップ。「いらっしゃいませ」は、「新しいお客さまが来店し、ストーリーの演出がスタートするから準備しよう」という合図。お出迎えはスタッフ全員でお客さんを見ながら行なう。入店時の印象が良ければ、その後のイメージも良くなり、これが最後まで続けば、会計時に「良いお店だった」という評価につながるのです。このようにストーリーサービスを実現するためには、基本的なサービスを連動させることが重要です。これも「初頭効果」から始まるのです。ですから、入店時は入り口でお客さんをお待たせしないこと。スタッフ間でも協力し合い、なるべくスムーズに入り口のお客さんを客席にご案内しなければいけないのです。

お客さんが入店したときに歓迎されている雰囲気を感じられれば、もし万が一、サービスの途中で何らかのクレームが発生したとしても大事に至らずに済む場合があります。それは、「気持ちの良いお店」というイメージが最初にできているからです。

なぜ店員は右側からささやくのか？

～82％のモテ男の口説き方から学ぶ～

飲食店のカウンター席では、カップルの男性は女性のどちら側に座るのか？

実際に筆者の会社で、東京、名古屋、関西の居酒屋のカウンター席の３００カップルについて調べてみたことがあります。

その結果、なんと、82％の男性が女性の右側に座るという結果が出たのです。

なぜ、多くの男性が右側に陣取って女性を口説こうとするのか、「もしかしたら、〝右側有利〟の法則があるのではないか？」という考えをめぐらせたところ、ある法則のようなものを思い出しました。それは「トップセールスマンは右側からすり寄ってくる」「飲食店では昔から、接客は右側からサービスすることが多い」ということです。また、高級飲食店では、基本的な接客マナーとして、ドリンクや料理をお客さんの右側からお出しすることが常識となっています。

これは、たまたま？　それとも深い理由があるのか？

どうやら、〝右側から口説く〟理由には、調べれば調べるほど人間の体の構造、脳科学、歴史などが関わってくる奥深いテーマがあるようです。

以下、「右側有利説」の真相に迫っていきましょう。

右側有利説の真相は?

あなたがデートしているとすると、あなたは相手のどちら側に立っているか?

もちろん、あなたが男性か女性かによっても違うし、そのときの条件によっても変わってくるでしょう。

しかし、そこに、ある傾向が見えてくるのです。

実際、デートしているカップルを見ると、その立ち位置は女性が左側にいることが多い。筆者の周りの女性に聞いても、雑誌やネットを見ても、「私は左側派!」という女性が大半を占めているから不思議です。

実際に昔からこの手の調査はよく行なわれていて、どの調査も、多くは男性が右側、女性が左側なのです。女性に聞くと理由は様々ですが、代表的な理由は次のとおりです。

・何となく安心するから

・右ハンドルの車が多いから
・彼の心臓の音が聞けるから
・歩くときに車道側で守ってほしいから
・自分は付いていきたいタイプで、守ってもらいたいから（右腕を空ける）

これらの理由から推察すると、どうも右側には立場的に優位な人や、相対的に強い人がくるのだろう、と予測できます。そもそも右、左、どちらが偉くて優位なのか？　本当に力関係が表われているのでしょうか？

この他にも調べてみると、右側有利説がたくさん浮上します。

中国の儒教によると、左より右が尊ばれていたようです。古代の日本では逆に左が尊ばれていたようですが、その後は中国の思想に影響されて右を尊ぶようになってきたと思われます。また、左大臣と右大臣では左大臣が位は高く偉い。なお、これは言葉とは逆で、実際には向かって右側が左大臣となります。昔からの習わしでは「右にならえ」「右に出るものはいない」という慣用句のように、右は偉いことのたとえが多いのです。歴史から見ても、どうも人は右側に権威を感じるようで、だから右側からすり寄っていけば、優位な方向からアプローチをかけることになるのです。

その他にもまだまだあって、女性としては「体の大きい強い男性に守ってもらいたいから」、右側に男性がくるのでしょう。古来から男性は、利き腕側（たいていは右腕）を空けておくことを意識して左側に女性を置いて、右手で敵の攻撃に備え、左手でか弱い女性を守るという習性があります。結婚式のバージンロードでも神父さんの前でも右側が男性です。

さらに、左側に心臓があるため、左側には人を置きたくないという心理が働きますが、大事な心臓側（左側）に置く人は、自分にとって信用できる味方や心からリラックスできる仲間のような相手であるとも言われているのです。

右側から声をかければ要求が通りやすい!?

この右側、左側のテーマは、実はいろいろなビジネスシーンでも応用できます。

今度は、脳科学から見てみましょう。

例えば、相手と話をするとき、左耳で聞いた場合、その声は情緒を司る右脳に届き、一方、右耳で話を聞いた場合は、理性を司る左脳に届くのです。

脳科学者の中では、脳の左半球（左脳）においては、右耳で聴覚したことのほうが優先されるという仮説を立てている学者が多いようです。実際、左脳には、言語の大部分が処理されている領域なのです。

次のような実験結果もあります。

騒々しいダンスクラブで、大音量の音楽に声をかき消されないように、女性がぴったりと男性に身を寄せて、男性の耳元で「タバコを1本いただけない?」とささやきます。これを左と右からそれぞれ声をかけた結果、どうなったか？　その実験結果は次のとおりです。

・**左から声をかけた場合**：タバコを差し出してくれた人は88人中17人
・**右から声をかけた場合**：タバコを差し出してくれた人は88人中34人

なんと、右から声をかけたほうが、要求が通りやすいという結果が出たのです。この結果からも、人間の左右の耳から入る音が脳内で別々に処理されていることがわかります。要するに、人は音声入力を右耳で聞き取るほうが、その情報が頭に入りやすい傾向があるということです。

単純に考えれば、何かを頼むときは右から話しかけたら、その願いは左から話しかけた場合の2倍叶いやすいということになります。もう、これは使わない手はないですよね。

このように、脳科学から見ても左脳に作用させたほうが、願い事を聞き入れてもらえるので、商談や相手に何かを頼むときは右側からのほうがいいのです。

したがって、飲食店でも接客時に、そっとお客さんの右側から近づいて接客をするほうが良さそうです。

飲食店でも脱マニュアル化が進んでいる

さて、「お・も・て・な・し」を大切にしている日本は、本当にサービスが良いのでしょうか？

あなたがこれまでに利用した中で「すごくサービスが良かった！」というお店は、おそらく、それほど多くはないと思います。また、中学校時代の修学旅行を思い出してもらって、その2日目のランチをどこで食べたか覚えていますか？　さらにもっと近い過去の例として、1か月前に、どこのお店で何を食べたか思い出せますか？

たぶん、思い出せた人はそうはいないはずです。ちょっとやそこらのレベルのサービスでは記憶にも残らないのです。実際、多くの一般的な家庭では、子どものころから何度も利用してきた飲食店と言えば、ファミレスやファーストフードが多いと思います。どこへ行っても同じような料理やサービスを中流意識全盛の時代に経験してきた人たちは、マニュアルで縛られて統一されたサービスが本当のサービスであると、DNAに組み込まれてきているのです。

そのため、日本のサービスの多くは、マニュアルをベースとした同質化されたサービスを目指すことになるのです。

かくいう筆者も、かつてはファミレスや大衆居酒屋向けのマニュアルをいくつもつくったものです。でも、そんなマニュアル化に加担した筆者も、いまから21年前の1995年にグローバル化時代の到来を意識して「脱マニュアル宣言」をしています。

マニュアル脱却の良い例が、スターバックスコーヒーです。筆者が、以前スターバックスの研修を担当したとき、同社の脱マニュアル化について感心したものです。スターバックスでは、脱マニュアル化の象徴として「サードプレイス」という考え方があります。

これはスターバックスの優位性を示し、「これだ」という強みとしての「決定力」と、他を圧倒する「競争力」の基礎となっているものです。「サードプレイス」とは、家庭や会社とは違う3つ目の場所である「第3のスペース」を意味し、都市生活者にとって必要とされる空間です。それを、スターバックスは、自店舗を顧客にとって居心地の良い経験ができる「サードプレイス」として位置づけています。もちろん、スターバックスは美味しいコーヒーが飲めるお店ですが、若者が「話をする」「本を読む」「勉強をする」空間として、「空き時間があったら、とりあえず行く場所」となっているのです。

この「サードプレイス」という考え方は、従来の飲食店の店づくりのマニュアルからは決して生まれるものではありません。スターバックスは、お店を「サードプレイス」として捉えて、お客さんに快適さや感動を与えることを目指しているのです。

日本人はいつしか、「マニュアル信仰」が強くなりすぎました。「指示待ち人間」と呼ばれる人が増えたというのも、マニュアル化の弊害なのです。

しかし、いまの時代で企業が生き残っていくには、臨機応変で新しい分野に飛び込む力が不可欠です。そのためには、マニュアル信仰からの脱却が必要です。もともと日本では自動車産業などの大型製造業が経済を牽引し成功を収めてきましたが、そうした製造業では、流れ作業による組み立てが多くの仕事を占め、マニュアルさえ整備すれば高品質の製品を製造することができたのです。日本のマニュアル信仰が高まった背景には、こうした「単純作業の成功」がありました。

しかしながら、いまはイノベーション（技術革新）のサイクルがどんどん早まり、仕事の標準化が実現してマニュアルが完成したころには、もう別の製品開発に軸足を移さなければならない時代です。マニュアルがむしろ、イノベーションの足かせになることすらあります。だからこそ、マニュアル化だけには頼らない「脱マニュアル化宣言」をするべきなのです。

筆者が親しくさせていただいている、看護師協会の理事長さんがこんなことを言っていました。「いまの若い看護士の見習いは、『マニュアルを寄こせ』と言ったり、『マニュアルにないことは知らない』と言うのです。患者さんは一人ひとり状況が違っていて、同じ病状なんてあり得ない。臨機応変に対応しなければならないのに。『何がマニュアルか！』と私は憤っています」。

これは的確で、とても重要な指摘です。さすが、〝ホスピタリティ〟を知り尽くした方の指摘だと思います。もし、看護士の仕事でマニュアルだけを重視していたら、患者さんが危険な事態に陥るケースが増えてしまうかもしれません。

患者さんも飲食店のお客さんも、そしてどんなビジネスにおいても同じ人、同じケースなどひとつとしてなく、四角四面にマニュアルどおりにやれば、すべてうまくいくということはないのです。

とはいえ、いくらマニュアルが良くないと言っても、何も知らないのでは臨機応変に対応することはできません。そのため、原理原則をしっかり押さえたうえで、その場面々々の状況をよく観察して個別に判断する。そこからしか、マニュアルを超える感動は生まれないのです。

なぜお客さんの名前を6回も呼ぶのか?

ビジネスの場でも、私生活でも、相手と親しい間柄になってくると、相手からの要請は断りにくくなるものです。

飲食店では、このような人の心理を利用して、いち早く親しい間柄になり、追加の料理をオーダーしてもらったり、リピーターになってもらうテクニックがあります。

それは、「相手の名前を頻繁に呼ぶ」ことです。

お客さんとの距離感を一挙に縮め、会話を楽しみながらの相互交流サービスを目指す場合、「お客さんを名前で呼ぶ」ということが効果を発揮します。

名前を呼ぶこと自体が、「あなたをしっかり見ています」「あなたは特別なお客さまです」と、個別のお客さんとして認識しているというコミュニケーションとなり、それがアピールへつながるのです。

筆者も全国を飛び回っていると、一人で飲食店に行きますが、そのようなときに名前で「氏家《うじけ》さん、いらっしゃい」なんて言われるとホッとします。このように、お客さんの名前を覚えることは、顧客管理の大切なひとつですが、ここで注意すべきことがあります。それは、管理はデジタルであっても、お客さんの名前をお呼びすることは、「アナログサービス」ということです。これに関するエピソードをひとつ紹介しましょう。

数年前、筆者は、いまでは大手のチェーンでも導入している、飲食店の顧客管理・経営管理システム「e-SHOPネット」を先がけて導入しました。

でも、「e-SHOPネット」でシステム化した中で、顧客管理帳だけは手書きにしたのです。しかも、その顧客管理帳には似顔絵が6回書けるようになっています。それはなぜかと言えば、お客さんの名前を覚えるためなのです。筆者はその当時、500名のお客さんの名前と顔を一致させて記憶していました。

500名とは言わなくても、飲食店の経営者や店長ならば、100名ぐらいは最低覚えてもらいたいところです。しかし、筆者が飲食店向けのセミナーで、いままで何十万人の経営者や店長に、「名前と年齢と職業を覚えているお客さまが100名以上いますか?」と質問すると、実際に手を挙げた人は一人もいないのです。年間に5千人も1万人ものお客さんが来店するのに、実は100人のお客さんの名前すら覚えていないのです。お客さんの名前を１００人以上覚えていれば、必ず売上は上がるのですが……。

さて、話を少し戻して、顧客管理帳で調べずに、日常的な接客の中で、どうしたらお客さんの名前を知ることができるのでしょうか。

ポイントは、「予約時の確認」と「入店時の確認」の２つです。

予約時は名前を聞く絶好のチャンス！　そして、あらかじめ、お客さんの名前がわかっていれば、来店時の第一声から、「○○様、お待ちしておりました！」とコミュニケーションをとることができます。

また、入店時に聞くのも効果的。ウェイティングのときには必ずウェイティングリストへ記入してもらうようにします。すぐに客席にご案内する場合でも、最初に名前を聞いてから、「お席へご案内いたします。○○様、こちらへどうぞ」などと声をかけることができます。

ところで、せっかくお客さんの名前がわかっても、最初しか呼ばないお店が意外に多い。コミュニケート・サービスを実践するなら、最低、お客さんの名前を、例えば次に掲げる例のように、６、７回は呼ぶようにすべきです。

「いらっしゃいませ。○○様」「お待ちしておりました。○○様」「○○様、ご案内いたします」「○○様、お待たせしました」「○○様、ありがとうございます」――。

このような感じで、折りに触れてお客さんの名前を呼べば、お客さんはお店に対して、より親近感を持つようになります。

これは、心理学の「社会的報酬」という心理作用です。名前を呼ぶことは、その人自身の存在を認めていることになり、存在や価値を認めていることが報酬行為に当たるのです。

アメリカの南メソジスト大学のダニエル・ハワード博士は、次のような実験で、「社会的報酬」の効果を解明しています。①名前を呼ぶ、②名前を忘れたとして、再度名前を聞く、③名前を呼ばない、という3つのパターンの会話で学生にクッキーを販売したところ、①では約90%、②では約60%、③では約50%の学生がクッキーを購入したというのです。

このように、人は自分の名前を呼んでもらったり、会話に自分の名前が出てくると会話への関心度が上がるのです。また名前を何度も呼ばれるうちに、お店のスタッフに対して親近感を覚えるようにもなるのです。

したがって、繁盛しているお店では、「社長」や「部長」と肩書きだけで呼ばずに、「○○社長」や「○○部長」としっかり苗字や名前をつけて呼びます。とにかく「名前=個人」ですので、「個人対個人の関係」をつくるようにするのです。そうすれば、特別な感情が湧いてきて、親しみが増し、単にお店の従業員とお客さんという間柄以上の関係を築くことができるのです。

？会計を待たされるお客さんは軽視されている？

〝会計優先主義〟は、飲食店の常識です。ズバリ、会計は大変重要なサービス場面だと断言できます。いわばサービスの最終局面となるため、「終わり良ければ、すべて良し」で、〝どんな仕事よりも会計が優先する〟というぐらいお店のイメージを左右するものです。

会計時によくお客さんのお褒めの言葉やお叱りの言葉を耳にすることが多いはずです。みなさんも会計時に、溜まっていたうっぷんを一言ぐらい、言ってやろうかと思ったことはあるでしょう。人間は正直なもので、お勘定を支払うときに何となくそのお店の評価をするものなのです。例えば、居酒屋で３人で結構飲んだ後、「合計６０００円です」と言われたとき、「結構、安いな」と心の中で思ったりすることがありませんか？

やっぱり、これもどこかでお店の価値判断をしているわけです。逆に言えば、最後まできちんとサービスを完了することができなければ、それまでの「サービスが台なし！」という事態にもなりかねません。

大して会計を重要視していない飲食店も結構多いので、飲食店の店主（経営者）は、いま一度、会計をしっかり見直すことをお勧めします。

そしてもうひとつ、会計に関して大事なサービス基準があります。

それは、「仕事の組み立て」です。

スタッフは、１組だけのお客さんを満足させれば良いわけではありません。繁忙時には４～５組ものお客さんの会計を一挙に担当することもあります。その何組ものお客さんすべてに満足して帰っていただくには、お客さんに対していま何をして差し上げなければならないか、またそれをどの順序でどの動線で作業すれば効果的で、より多くのお客さんに満足していただけるかを考え、最優先で行なうべき作業、その次に行なうべき作業を最低５つ先までは頭の中で常に組み立てられていなければならないのです。

これが「仕事の組み立て」です。この仕事の組み立てが完璧にできれば、一回の往復動作の中で複数の作業がムリ・ムラ・ムダなく進み、繁忙時でもスムーズにサービスを提供でき、笑顔で楽しく仕事ができるのです。

例えば、同時に複数の作業が重なった場合は、会計→案内→オーダー→料理提供の順に行なえば、ひとつの流れで作業がスムーズに進みます。

実は、この「仕事の組み立て」の種類は、１万５千通り以上とも言われ、膨大な数になるのです。要するに、仕事の段取り、優先順位を決める作業です。これだけの数を覚えるのは当然ムリなので、まずは初歩的な「１－１－１型」を基本にするとよいでしょう。ここで、1-1-1型とは、先ほどの作業が重なった場合に、会計↓案内↓オーダー↓料理の提供の順に進めるもので、お客さんの精神的な負担や苦痛が大きい順に優先するというルールです。すなわち、会計が一番お客さんの精神的苦痛（お店を早く出て次の場所に行きたいという気持ち）が大きいから一番優先することになります。

飲食店に限らず小売業でも、また他の業種でも共通した概念として、「会計が一番大事」という考え方に基づいたルールなのです。それは、会計時には、先ほど述べてきたように、お客さんがお店の最終的な価値判断をするので、より良いイメージでお客さんに対応したいことと、会計がスムーズにいかないと大きなクレームにつながる可能性が高いからです。

例えば、会計と案内が同時に重なるケースで、1-1-1型で考えると、ご案内のお客さんにお待ちいただき、会計のお客さんを優先することになります。

つまり、会計担当のスタッフが会計できる状態であれば、会計を優先し、新規のお客さんへの対応は次に行なうか、手の空いている他のスタッフに任せるべきなのです。

では、新規のお客さんのご案内と最初のファーストオーダー取りが重なった場合は、どうでしょうか？

1-1-1型では、ご案内を優先します。入り口で立っているお客さんは精神的苦痛が大きいし、なるべくイメージ良く飲食サービスのスタートを切ってもらいたいからです。

次に、これを少し応用してみましょう。

ご案内と追加のオーダー取りが重なった場合はどうか。この場合は少々複雑になりますが、なるべく簡略に説明しましょう。例えば、このお店のセカンドオーダー（2回目の注文：追加注文1回目）が平均で2・4品、またサードオーダー（3回目の注文：追加注文2回目）が1・1品と仮定した場合、以下のように何番目のオーダーかによって優先順位が変わります。

① 新規のお客さんのご案内とサードオーダーが重なった場合

サードオーダーが1・1品であれば、たいていは1品の追加オーダーということになり、その程度であれば対応の時間も短く済むので、先にオーダーを取ってから、その足で新規のお客さんをご案内し、その後キッチンに先ほど受けたサードオーダーを通すという順番になります。1品程度なら伝票に書かなくても覚えられますし、オーダーもすぐ終わるので、新規のお客さんにも大してご案内を待たせずに済みます。その新規のお客さんのご案内後にオーダーを通しても、3回目のオーダーの場合、ご案内に要する時間程度ならば提供が少し遅れてもさほど問題にはなりません。

② 新規のお客さんのご案内とセカンドオーダーが重なった場合

セカンドオーダーが2・4品であれば、先ほどのサードオーダーのように記憶に頼ると忘れてしまう可能性があるので、伝票に記入しなければならず、オーダー取りに多少時間を要します。しかも、オーダーを取ったら、なるべく早くオーダーをキッチンに通したい。ですから、1-1-1型の原則どおり、新規のお客さんを客席へご案内してからオーダーを取り、オーダーを通すことになります。ただ、この「仕事の組み立て」は、ムリ・ムダ・ムラをなくすことが目的ですから、単に案内するのではなく、場面々々でムダのない案内をしなければなりません。

では、どうするか。まず、新規のお客さんを、追加のオーダー（セカンドオーダー）で呼ばれているお客さんの席の横に（空いていれば）ご案内して、そのまま横に移動して、セカンドオーダーを取ればムダを省くことができます。ただし、新規のお客さんのご案内は常に、ご案内するお客さんにとって最も相応しい席にご案内しなければいけませんから、「空いている席」の中で、「(その）お客さんに相応しく」「片づけが終わっていて」「セッティングされている」、しかも「セカンドオーダーをしようと思っているお客さんに最も近い」席にご案内しなければならないのです。

これは、結構難しいことだとは思いますが、ある程度の訓練を積み重ねていけば実現可能です。では、どんな訓練をすればよいかと言えば、次のように、常に頭の中で仕事の組み合わせを5つ程度、想定しておくことです。

例えば、①そろそろ料理ができるころだ、②そろそろ○番テーブルのおしぼりを変えなければいけない、③暇になったらトイレ掃除をしよう、④暇になったら皿洗いをしよう、⑤そろそろ○番のお客さんの中間バッシングをしなければいけない、といった具合です。

最初は順番や、やるべきことが、先ほどの例と違うこともあるでしょうが、大切なのは常に〝頭の中に入れる〟ということです。この訓練を繰り返し行なえば、複数のことを頭に入れて考える習慣ができて、いずれスムーズに実践できるようになると思います。

このように、常に会計時にお客さんを30秒以上お待たせしないルールを徹底するようにした、ある居酒屋チェーンでは新たな別の効果が出ました。

同チェーン店約80店舗では、かねてより会計時にポイントカード入会の勧誘を行なっていましたが、会計時にお客さんを待たせないルールを徹底する以前は、会計時にクレームを言われたりするケースが多かったために、お店のスタッフは入会勧誘が億劫になったり、お客さんもなかなか入会してくれず、入会率が40％程度で、新規入会数も1か月で151名程度でした。ところが、上記ルールを徹底した後では、入会率が85％程度まで急上昇し、新規入会数も1か月で333名と飛躍的に増えました。

このことからもわかるように、サービスの「最後の印象」を重視して会計時の対応を改善すれば、お店全体のイメージアップが図れるのです。なお、どの仕事を優先するかの「仕事の組み立て」の問題は、実はデータをもとに分析すれば解消できます。あまり難しく考えなくてもいいのですが、何事もデータ化して分析していく姿勢は必要なのです。

こっそり「足先の向き」を見る!

飲食店では、顧客満足度を高めて、リピート客を増やして売上につなげるために、こっそりお客さんを観察するところから始まります。高級イタリアンやフレンチでは、お客さんの懐具合に合わせた、メニュー提案をしなければなりません。

特に、ワインをお勧めするケースなどはその典型的な例です。

ワインリストを吟味してオーダーをするお客さんは、ほんの一部のワイン通のお客さんで、多くのお客さんはお店のソムリエやスタッフに任せます。そこで、例えば、「あまりお金をかけたくないけれど、彼女の誕生日だから、あからさまに安いワインは頼めないな」と思っているお客さんの場合には、なおさらスマートにそんな彼の気持ちを汲んだセレクトをしなければなりません。

ですから、あらかじめ予約などでお客さんの名前を把握していれば、ネットで検索したり、車や腕時計、服装などを見て、お客さんの人となりなど、あらゆる要素を観察して、また接客時のトーク内容からその日のベストなワインをセレクトしていきます。

また、お客さんの心をつかむ高度なサービスを実現するためには、コミュニケート（Communicate：コミュニケーションをとって、お客さんに喜んでもらう接客）、カスタマイズ（Customize：それぞれのお客さんごとに相応しい接客）、コンサルト（Consult：積極的に提案する接客）が必要で、これら3つの用語の頭文字を取って「3C」と呼ばれています。

3Cは、お客さんとサービスを提供するお店のスタッフの関係において大切な要素です。「いらっしゃいませ」「ありがとうございました」とお客さんに声をかけ、料理を運ぶだけの〝単なるサービス〟から進化し、3Cを実現して、お客さんを虜にするサービスを目指していかなければいけません。

最近の飲食店に求められるサービスレベルは高くなってきており、3つ目の「コンサルト・サービス」が特に重要となってきました。

コンサルト・サービスとは、あらゆる場面での「お客さんへの提案」を意味する攻めのサービスです。お客さんの立場に立ちながら、自店の利用に関する新しい提案をし、個別のホスピタリティを実現していく、飲食店が目指すべきサービスの最終段階なのです。

例えば、「〇〇様、お魚料理は苦手でしたよね？　でも本日、新鮮なスズキが入荷しまして、よろしければ〝あらい〟にしたら、臭みもとれて美味しくいただけますが、いかがですか？」「前回、〇〇様は夏にいらっしゃった際にイエルマン（ワイン）をお飲みになられていましたので、今回は冬でも美味しい白ワインのマコン・ヴィレはいかがでしょうか？」といった具合に、必ず〝提案〟を入れるようにするのです。

とにかく、お客さんがお店にいる間に食事を快適に進めてもらうために、うまく演出ができるかどうかが問われているのです。

そのためには、お客さんがどのような人物なのか、どのような目的でお店に来店してくれたのか、お連れのお客さんとの関係はどうかなど、お客さんの詳細な情報が事前にほしいところ。

でも、安心してください。事前に情報を入手できなくても、サービス中にそれらの情報をつかむ方法がいくつかあります。以下、順に説明していきましょう。

高級店では、お客さんの情報を知るために、まずは、駐車場があればお客さんの車を見に行きます。そして、服装、カバン、装飾品、そして何よりも時計と靴を見ます。

実は時計。女性にとっては、あくまでも自分を引き立てるアイテムのひとつですが、男性の場合、時計はその人自身のセンス、生き方、人柄が如実に表われます。その人の内面を表現すると言っても過言ではありません。靴もそうです。靴はメンテナンスの状態が明確にわかります。ファッションとしては後回しになりがちな靴に意識し、メンテナンスの時間や費用もかけることができていれば、高所得者のお客さんである確率がかなり高くなります。

また、お客さん同士の関係を知る方法としては、お客さんの「足先の向き」を見ればわかります。

一般的に我々は、特に自分の顔の表情や行動のしぐさには気をつけて、それらをコントロールしようと意識していますが、頭から離れれば離れる部分ほど、意識が希薄になって行き届かなくなります。無意識の感情や考えが、「頭から離れた部分」のしぐさに自然に出てしまうものです。

したがって、足先のしぐさに注目することは、人間の心理を知るうえで非常に大きなポイントとなります。

幸福の研究において多くの貢献をした社会心理学者のマイケル・アーガイルは、脚の動きから「異性への関心」度がわかると、次のように指摘しています。

「隠そうと努力しても、〝足先〟すなわち、膝や爪先は人の心理が表われやすく、ウソをつきにくい部分なのです。特に、相手への好き嫌いの感情は、顕著に足先に表われるのです。例えば、女性が膝のところで脚を組んでいたら自己防衛の意識があることになるのですが、わざとらしい脚組みをした場合や平行状態の場合は異性を誘惑したい、あるいは好感を持っているという気持ちの表われである」というのです。

それこそ、女性が何度も脚を組み替えるような動きをしたら、男性としてはドキッとしてしまいます。一方、足先や脚を揃えている向きが相手と逆に向いていたら、その相手とはうまくいかないかもしれません。

そもそも、ビジネスの関係では、脚を組んだまま相手の話を聞いたり、コミュニケーションをとることは相応しくないでしょう。

また、アメリカの臨床心理学者であるジョン・ブレイザー博士の実験でも、同様に脚の組み方と、そのときの感情が非常に関連しているということを解明しています。

すなわち、会話中に座って脚を開いている場合は、相手に対して心を開いていると判断することができ、心もリラックスして〝開いている〟状態であると指摘しています。

そのような場合は、本音で話をしてもOKと言えるでしょう。相手が好きな異性であれば、積極的にアタックしてもよいかもしれません。逆に、座っているときに、脚を固く閉ざしている場合は、拒絶を表わすサインなので、その日は無難に過ごしたほうがよいかもしれません。

このようなことは、飲食店でも応用することができ、質の高いサービスを提供しているお店のデキるスタッフは、お客さんの足先を観察し、お客さん同士の関係を推定して、その後のサービスの進行に役立てています。

? アンケートに良いことばかりを書くお客さんを優遇する？

飲食店でよく実施しているアンケート。これは何が目的かご存知でしょうか？

「自分のお店に対するお客さんの評価を知りたい」と考え、アンケートを取ることは確かに多い。改善策を考える手段として、手っ取り早いと考えられるためです。最近では、大手フランチャイズチェーンだけでなく、個人店でもアンケート用紙を置くところが増えてきました。たいていは「ご意見・ご感想をお願いします」と自由に書き込んでもらう形式のものがほとんどですが、そのアンケートはそのお店にとって本当にプラスになっているのでしょうか？

あなたのお店ならアンケートはどのようにしますか？　テーブルの上にアンケートを置いて、帰りのレジで回収しますか？　また、サービスの良し悪しを質問したアンケートの場合に集計結果を見て、その結果が良ければ「サービス向上」と結論を出しますか？

これだけだと、お客さんとの関係が何ら変わらず、お客さんとの距離がまったく縮まりません。確かに大手のチェーン店などでしたら、アンケートの集計結果を本部で統括し、経営に反映していくシステムが整備されているのでしょうが、個人店ではどうでしょうか。店主（＝経営者）宛てに意見や要望を書いてもらったとしても、それを役立てることが果たしてできるでしょうか。お客さんにただ書かせるだけで、日々の忙しさにかまけて目を通すことさえしていない人が多いのではないかと思います。

これでは、せっかく書いてくれたお客さんに失礼というもの。何もできないのなら、はじめからアンケートなど取らないほうがマシだと思います。それと、日本人はそもそも、物事を減点法で考える傾向がありますから、ただ「ご意見をください」と聞かれると、お店の悪いことや問題点から探してしまいがちです。

したがって、アンケートを取りたいのなら、お店として聞きたいことがお客さんにはっきり伝わるような〝選択式〟にするのがよいでしょう。その際、アラ探しのレベルで終わらないように、「ドリンク１杯サービス！」といった具合に、アンケートに答えてくれたお客さんに対して特典をつけるなどしてメリットをつくれば、回収率も上がります。

アンケートは、「手段であって目的ではない」ということです。どの飲食店でもアンケートを取る最終目的は、より多くのお客さんに来店してもらうためだと思います。集めるだけ集めておいて何もしなければ、絶対にお客さんは来ません。だとしたら、アンケートを有効に使って来店してもらえるきっかけにすればよいのです。

一方、飲食店を利用するお客さんへのアドバイスとしては、アンケートに回答するときに名前を書く場合、良いことばかり回答しておいたほうが無難です。お店に対する評価としかお店側は見ないことが多いので、悪く書かれるお客さんには、どうしても次回の来店時に特別良いサービスを提供しようとは思わず、良く書いてくれたお客さんを特別扱いしようという心理が働くことがほとんどだからです。

アンケートの目的はお客さんとの距離を縮めること

また、アンケートを取るときの大事なキーワードが、〝お客さんとの距離感〟です。それには、アンケートの取り方の工夫と、お客さんとの距離間を縮めるための「コモンアイテム」をつくることが必要となります。コモンアイテムとは、お客さんとスタッフ間の共感事象・共通語のことで、「コモンイベント」や「コモンターム」とも呼ばれます。

すなわち、アンケートを取る前に、お客さんとの会話の中から、お客さんと共有できそうな事柄（共通事項）を探って見つけることができれば、それをアンケートに落とし込んで設問にすると、お客さんに与えるお店のインパクトが強くなります。

例えば、「料理は美味しかったですか？」と漠然と聞くより、スープカレーがおススメのお店ならスープカレーのことを直接かつ具体的に聞いたほうがよいのです。しかも、「スープカレーは冷めていませんでしたか？」と聞くより、「スープカレーは熱々でしたか？」と前向きな表現を使って聞いたほうが、お客さんの記憶にしっかり残ります。そのように聞いた後に、アンケートでスープカレーの味の感想として「ちょっと辛かった」と書いてもらったら最高。つまり、〝スープカレー〟と〝辛かった〟が、お店とお客さんとで共通するコモンアイテムとなります。これをDMやサンキューレター（あるいはメール）に反映させて、最後の一言に「スープカレーを○○様用にマイルドにできます。お気軽にお申しつけください」と加えれば、お客さんとの距離はグーンと近くなります。

また、最近ではこんなアンケートの使い方もあります。アンケートの最後にお店やメニューなどに対するコメントを名前やペンネーム付きで書いてもらう手法です。これをお店

アンケートを取るときの留意点およびポイント

・真剣にアンケートを取る
・アンケートは全員に取らずに、来てもらいたいお客さんだけに取る
・アンケートはお客さんと会話をしてからお願いをする
・アンケートをイベントにする、アンケートのイメージを良くする
・"ワンドリンク" プレゼントなど、お客さんのメリットをつくる
・なるべく早い段階に提供する料理の合間でアンケートを取る（最後に悪いことを思い出させない）
・アンケートに書いてもらった内容をＤＭなどに反映させる
・なるべく具体的な内容にして、楽しい選択肢も用意する
・アンケートの最後に、お店や料理に対するコメントなどを名前やペンネーム付きで書いてもらい、お店のホームページなどに公開してお客さんの口コミ評判のＰＲとして活用する

のホームページなどで公開して、お客さんの口コミ評判のＰＲに使っているのです。

居酒屋チェーン店Ｋでは、アンケートに答えてくれたお客さんには必ずＤＭを送っています。そして、クーポン券付きのＤＭに、お客さんがアンケートに書いてくれた内容を必ず盛り込むようにしています。その結果、そのＤＭによるクーポン券のバック率が12％から37％と劇的に上がり、大きな反響を呼んでいます。

なお、アンケートを取るときの留意点とポイントを上の表にまとめていますので、参考にしてください。

お客さんの理不尽なクレームを心地良く聞けるか？

「4・63件に1件」。これが何の数字かわかりますか？

これは苦情、すなわちクレームの発生頻度です。アメリカの30年前のデータでは26件に1件でした。先ほどの数字「4・63件に1件」は、最近の民間調査機関によるデータですが、いまはこれほど頻繁にクレームが発生する時代なのです。

みなさんも、1度や2度ぐらいは飲食店でクレームを言ったことがありますよね？

「料理が遅い」「オーダーが違う」――、これぐらいは誰にもあるでしょう。

要するに、飲食店では5人に1人は多かれ少なかれ何かしらのクレームをつけているという計算になるのです。まさに、「大クレーム時代の到来」です。

でも、繁盛している飲食店のスタッフの中には、お客さんからのクレームの対応が実に上手なスタッフがいます。すべての小言を気持ち良く聞ける方法を知っているのです。

クレーム対応というのは、飲食業界では「コンプレイン対応」と言われますが、これがなかなかマニュアルでは完全には定め切れません。

例えば、お店のスタッフが誤って男性客のズボンの上に水をこぼしてしまったとしましよう。こぼしてしまったスタッフが、かわいらしい若い女性スタッフで、ニコッとして「お客さま、申し訳ございません」と拭いてくれたとしたら、男性客なら「得した」と良い気分にもなるかもしれません。

では、男性スタッフがまったく同じ対応をしたら、どうでしょうか？　水をこぼしたのに、ニコッとされたら、殴りたくなるかもしれません……。

極端な例を挙げましたが、マニュアルで文書化して明記しても、状況やスタッフが違えば、同じような結果になるとは限らないのです。

では、飲食店のクレームベスト10を見てみましょう。

飲食店でよくあるクレームベスト10

1位	料理が遅い
2位	店内が汚い
3位	笑顔がない、ツンツンしている、せわしい
4位	スタッフは気が利かない
5位	分煙がされていない
6位	料金が高い
7位	料理がまずい、冷えている・冷えていない
8位	店長が気に入らない
9位	トイレが汚い・狭い
10位	寒い、暑い

右の表は、当社クライアント44社のアンケートの集計結果です。

なお、ベスト10には入りませんでしたが、「音楽が気に入らない」「落ち着かない」「おしゃれでない」「店長の顔が気に入らない」「なかなか空いているお皿を下げてくれない」「笑顔が足りない」「虫が入っていた」「お皿がチープ」などのクレームもありました。

実際にあったクレームとしては、果たして、お店側からすれば、どのようなクレームは

「店側にも非がある」と納得して対応できるのか、一方、どのようなクレームは「理不尽すぎて許せない」ものなのか？　逆に言えば、どの程度で、どういう方法ならば、お店がお客さんの理不尽なクレームを受け入れてしまうのかについて解説していきましょう。

お店が理不尽なクレームを受け入れてしまうワナ

次の４つは、本当にあったクレームの事例です。

①　女子大生がアルバイトで貯めたお金で買った３万円のコートを間接照明の上に掛けたところ、焦げてしまったから弁償しろ

②　ハンバーガーのソースが垂れて服が汚れてしまい、服を買い直したいから弁償しろ

③　座敷へ上がるために靴を脱いで下駄箱に置いておいたら盗まれた。その靴は日本に20個しかないプレミアムスニーカーだから、20万円弁償しろ

④　カラオケを歌っていたら、チェーンでつながれていたはずのモニターが、チェーンが外れて足に落ちた。自分は一人親方の大工で、当分の間、仕事ができないから、毎

日の整骨院の通院代、仕事の補償を合わせて300万円払え

どれも、本人が悪いか、あるいは作り話で、とても理不尽なクレームです。中には明らかに金銭目当ての「ゴールドクレーマー」もいます。当然、すべてお店側が弁償する必要はありません。

しかしながら、この中でひとつだけ、お客さんのクレームが通ったものがあります。

どのクレームも毎日、それも忙しい時間帯に、お店にクレーム交渉の電話が何度もかかってきます。もちろん、お店側としては、いくらお客さんの不注意でお店には責任がないと思っても、無下な態度はとれません。営業妨害とも簡単には言えないので、なかなか対応には苦労します。

また、クレーム対応は、その難易度が高くなれば、多面的な判断と対応が必要となり、まったく同じケースが過去にあるわけではないので、訓練や準備のしようがありません。こうしたら「正解」というものが、残念ながらないのです。

とはいえ、対応に失敗すると難クレームは大きな問題に発展してしまい、組織を根底から揺るがしかねない事態を招く危険性を孕んでいます。船場吉兆のように、不祥事への対応を間違えた典型的な例は跡を絶ちません。

このようなケースでは、ゴールドクレーマーは共通して、次のような交渉をしてきます。

・「誠意を見せろ」は決まり文句。何度も何度も繰り返し強く主張する
・「お金で解決しろ」とは、決して言わない
・いきなりお金ではなく、問題をすり替えて寄付や広告掲載などの要求に転換するケースもある
・クレームに直接関係のない要求も、いつの間にか織り交ぜてくる
・毅然とした態度をとらないと、波状攻撃を始める

では、先ほど取り上げたクレームの事例①〜④のうち、クレームが通ったものはどれでしょうか？

それは④番です。なんと、このゴールドクレーマーは３００万円を手にしました。

このクレーマーがどんな手法を取ったのかと言うと、まずは、「少額の金額の要求をのませた」のです。本来少額でも安易に金銭解決をしてしまうと、再発する悪い前例となってしまいますから、お店側としては少額でも金銭要求には応じないのが普通です。

ところが、このゴールドクレーマーは、次の方法で３００万円を獲得していきます。

この一人親方のクレーマーを仮にM氏とします。M氏はある高級カラオケBOXで約2万円ほど利用して入室から3時間が経過したころ、M氏が足を引きずりながらフロントまで歩いてきて、「歌っていたらモニターが足に落ちてきた。これじゃ、明日から仕事はできないな」というクレームをつけたのです。ただ通常、モニターは鎖でつながれ、モニターフレームにしっかりはまり込んでいるので、何もなければ落ちるはずがない。店員が慌てて部屋を見に行ったところ、モニターの鎖が外されていて、モニターは下に置かれていました。本当にこんなのが足に落ちてきたなら、足は骨折してもおかしくありません。でも、M氏は見た目からは足に怪我を負っているようには思えません。

店長は、間違いなく金銭目的の「イチャモンだ」と思ったそうです。

ここで、このM氏が要求する300万円の内訳は、主に〝1か月間ほぼ毎日通院する整骨院の通院代〟〝通院時に使用するタクシー代金〟〝大工仕事の休業補償〟です。

1か月が経過して治療も落ち着いたころ、毎日のようにM氏からお店に電話がかかってきて、「300万円はいつ払ってくれるんだ。社長を出せ！　おまえの会社デカいんだろ？300万円ぐらい払えるんだろ」とまくし立ててきたのです。

実は、もうこの段階で、すでに決着がついていたのかもしれません。

M氏は、すべて一貫して次のような手法を使ってきます。「フット・イン・ザ・ドア」

という段階的要請法というものです。フット・イン・ザ・ドアとは、まず小さな頼み事を受け入れさせてから、（本来の目的の）大きな頼み事も段階的に受け入れさせていくというテクニックです。

「歩けないから、帰りはどうしようかな」と、初期段階では自分から「お金が欲しい」などとは決して言いません。初期段階のM氏と店長のやりとりは次のとおりです。

M氏：「どうやって帰ればいい？」「連れにおぶさって帰るか、それともタクシー？」

店長：「足が心配ですから、タクシーをお呼びします」

このようにM氏は、まず店長に選択肢を与え、結果的に自身の要求をのませたのです。仮に最初から過大な要求をお店側に突き付けていたら、お店の店長も応じなかったと思います。

次にM氏は「今日の代金はどうすればいい？」と店長に問いかけ、店長は「もちろん、お客さまにご迷惑をおかけしたので、いただくわけにはいきません」と返答してしまいます。

さらにM氏は、「明日以降の怪我や仕事の状況を知らせるから、何時ごろならいい？」

と小さな頼み事を続け、店長は「では、夕方6時までにお知らせいただけますか?」と応じ、M氏の術中に深くはまってしまうのです。

一度「イエス」と言ってしまうと、その後には「ノー」とはなかなか言えなくなり、また店長には〝自分の信用にも関わる〟という深層心理が働くのです。それからM氏は店長に様々な要求を断続的に続け、要求の内容も徐々に釣り上げていき、それを店長は次々に承諾してしまったのです。

そして、最後の総仕上げとして、M氏は「店長、ようやく仕事に復帰できそうだ。合計300万円請求書を送るから振り込んでおいてよ」と、最終条件を店長にのませました。

結果的にはお店側は店舗保険を使い、保険会社がその慰謝料、損害賠償金の全額の支払いを行なったのですが、M氏ははじめから店舗保険というものがあることを知っていたようで、店長に保険金が下りるように保険会社に対して交渉させたのです。

この例の教訓として、ゴールドクレーマーに対しては、たとえ小さな金銭要求と思えたとしても、決して安直にその要求に応じないよう、毅然としたクレーム対応が絶対に必要です。

Column

飲み会の席での口グセから人の本性がわかる!?

飲食店での飲み会は、接待や社内利用、友人同士の集まり、部署の集まり、ママ友の集まりなど様々です。みなさんも上司とお酒を飲んでいるとき、デキる人間と思われたいために、人間性を取り繕うことがありませんか？でも実は、そんな飲み会でつい本性が表われてしまうところがあります。

それは「口グセ」です。誰でも、つい多用してしまう口グセがあるものです。飲食店のスタッフもお客さんの口グセをこっそり聴いています。料理を運ぶとき、通り過ぎるとき、中間バッシング（片づけ）のとき、こっそり聞き耳を立てて口グセを探しています。そして、サービスに生かしているのです。

口グセに注目すれば、飲み会の何気ない会話から、相手の人柄を見抜くことができるので、相手との交渉や関係づくりには大いに役立ちます。そんな口グセを、フレンチから居酒屋まで20人の飲食店店長にアンケートを取って分析してみました。

これからの商談や相手を口説くときには大いに役立つはずです。みなさんも、飲食店で相手の口グセから心理を読み解いてみてください。また、あなたも飲食店では、口グセにはくれぐれも注意してください！

■「すごーい！」

「すごーい！」「すごいですね」「すごい○○」などと、大げさに強調する言葉を使う人は、自分をアピールしたいタイプです。その分、自分の意見もはっきり言えるので会話も弾みます。場を盛り上げてくれるムードメーカータイプです。ちょっと間違えると、単にお調子者という場合もありますが、はっきりと主張できるので、頼りがいのあるタイプでもあります。だいたい、女子会の幹事、上司の横に座る部下社員に多いようです。

■「たぶん」「そうかも」「……と思う」

こんなふうに、どうしても自分の発言を断言できない人がいます。まさに、「あいまいさん」です。とにかく、あいまいな表現で断言を避けるタイプです。自己主張ができない、もしくはリスクを負いたくないタイプでしょう。会社でも、とにかく責任を負いたくない、または、デキる人に常にくっついて成功のおこぼれを待ち構えているタイプです。周りと対立したくないという心理も見え隠れします。「あいまいな言葉」で、敵をつくらないタイプです。相手と意見が食い違っても無難に、のらりくらりと乗り越えていきます。飲み会に誘われると、とりあえず参加し、幹事でも主役ではないタイプ、合コンでは人数合わせで呼ばれるタイプが多いようです。

■「だって」「そうか」「いや……」「そうですね」「ていうか」

何事にも用心深い否定屋さんか、隠れ自己主張タイプです。慎重で用心深く、とりあえず、否定から入ります。そのため、物事のマイナス面に目を向けやすいタイプで、会話の雰囲気はあまり良くありません。それこそ、対立軸をつくってしまい、その後の両者の人間関係が心配になります。納得できないことがあれば、小さなことでも反論し始めるからです。

また、あえて考えたうえで、この口グセを使用している人は、少々タチが悪い。自らを優先させ、相手を劣後させようとする心理が存在しているからです。

このような口グセは「イントロ語」とも呼ばれます。最近の社会現象のひとつですが、若い世代に多く見られます。自己主張が無意識に表面化しているのです。

「だって」「ていうか」「いや……」などが、代表的なイントロ語です。会話の中で軽々しく、何の根拠もなく相手の意見を否定する言葉です。「いや！」というのは感嘆として発せられていますが、自己主張だけではなく、自己防衛に用いられている場合もあります。

イントロ語は、本来、会話に弾みをつけたり、次の会話につながるきっかけをつくる言葉なのです。自分の発言を強調したり、自己主張をしようとしたり、あるいは相手の注意を引きつけようとするにはイントロ語は最適です。よりインパクトを与えるためには、否定語のほうが効果が大きいからです。

ただ、先ほども述べましたが、使い方を間違えると争いの原因にもなりますので、注意が必要です。また、合コンや商談の場では禁句です。否定されるほうはたまったものではありませんから。

ギャル、無礼講中の若手社員、大学生の飲み会、劇団やアーティストの飲み会などでよく聞かれる口グセです。

■「だから」

自分に自信がある、自信過剰、押しつけタ

イプです。「だから」は自分の主張を強める言葉で、これを多用する人は「自分は正しい」と常に思い込んでいます。度がすぎる人は、幼稚な一面を持っている可能性もあります。

また、「だから」の使い方次第で、要注意人物になります。

「だから」を頻繁に使用する人は、一見、ちょっと理屈っぽいだけのように見えますが、多少なりともその表情にイライラが感じられた場合は、気をつけましょう。

プライドが高いため、「そうだよね」「いいよね」などと言いながらも、結局、自分のペースに他人を引き込んでいき、相手はいつの間にか、意見を押しつけられてしまいます。

また、相手に合わせながらの混合利用は、モテる男の典型例で、「話がうまいね！」と言われ、合コンなどでは最も危険なタイプです。

常に「自分は正しい」と思っていて、相手に引け目を感じないので、商談では苦戦する相手かもしれません。

ファミリー客のお母さん、同僚の飲み会、合コンでよく聞かれる口グセです。

■「なるほど」

すぐに納得する、流し屋タイプです。

「なるほど」という言葉は、話に納得しているサイン、もしくは、相槌として使用されます。しかし、あまりに多用するのは、話を深く理解しないまま受け流そうとしている可能性もあり、あまり場が盛り上がらないこともあります。

「なるほど……」はもしかしたら、自分のことしか考えていない人なのかもしれません。

「なるほどですね」は、最近の若いビジネ

スマンがよく使うフレーズです。これを含めた「なるほど」を会話の途中に頻繁に挟んでくる人は、自分がいつでも会話の主導権を握ろうと考えているハンタータイプでもあります。どのタイミングで話の主導権を握れるか、この会話の後にどう自分の目的を達成するかしか、考えていないかもしれません。

その場合、相手の話や内容をあまり聞かずに、「できるか」しか考えておらず、「はい」や「ええ」よりもインパクトのある相槌として「なるほど」を随所に放り込み、自分の存在感を示しているのです。これは、商談でも合コンでも、気になる異性を口説いている場合でも同じです。「なるほどね」と、たまに言う程度なら、よく話を聞いてくれているのでしょうが、頻繁に使う相手であれば、侮れません。商談やカップルの会話（男性の方）でよく聞かれる口グセです。

■「私はね……」「僕は……」

わが道を行きたい、自分が主役になりたいと自己アピールするタイプです。「私はね……」「僕は……」と主語（自分）をやけに強調する人がいますが、それは「自分が主役」「自分は他の人とは違う」という意識が強い人でしょう。自己顕示欲が強いタイプで、常に会話の主導権を握ろうとしています。

社内宴会などの飲み会における上司の自慢話や若手社員の社会非難、評論の会話の中でよく聞かれる口グセです。

■「絶対」

「絶対……です」「絶対やります」「絶対行きます」などと、言葉の端々で「絶対」と連発する人がいます。こういう人は、自分に自信がないことの表われでしょう。〝弱い犬ほどよく吠える〟ということかもしれませんが、立場が弱い部下が、ビジネスシーンの会話の中で使うケースが多いようです。カップルの会話でも男性がよく使っていると、ちょっと気になりますね。

でも、実力不足を認識した自信のなさから出てくる言葉なのです。商談や恋愛で「絶対」を連呼する人は、あまり信用しないほうがよいかもしれません。

口説いている男性、幼稚園児、何かしら立場の弱い若者からよく聞かれる口グセです。

■「要するに」

これを頻繁に言う人は短絡的思考者でしょう。とにかく会話を早く終わらせたい、相手のうんちくを聞きたくない、自分の主張が正しいので相手の話を打ち切りたい、と思っているのかもしれません。

「要するに」と、会話をさえぎって、まとめに入るのです。これは自分の理解できる範囲、自分の主張が有利な状態で話を終わらせたい、としか考えることができない人。

だから、実際は大したことを言わず、どこかの受け売りの主張しか言えない人が多いのが特徴です。そんな人のＳＮＳでは名言を好んで引用するタイプが多いですね。なるべく聞き流してあげると、場の雰囲気は悪くなりません。社内宴会やサラリーマングループ、年配客からよく聞かれる口グセです。

V

99%の人は知らない
良いお店、残念なお店を見極める方法

入店した瞬間にお店の良し悪しは判断できる

「今日はどこの飲食店に行こうかな」「そうだ。美味しい魚が食べたい」「そうそう、食べログの口コミを参考にしよう」「この店、内装もおしゃれそうだな」……。

このように、やっと選んだお店。でもお店に入って一瞬にして、その期待が裏切られてしまうことってありませんか？

筆者は、セミナーなどで参加者から「良いお店はどこで判断しますか？」とよく質問されますが、ズバリ、入店した瞬間に「そのお店が良さそうか」「楽しめそうか」「満足できなさそうだ」という程度のことはわかります。

そう、入った瞬間に良いお店か悪いお店かを見極める方法があるのです。

それは、案内するお店のスタッフが「いらっしゃいませ」と、グリーティング（あらかじめお店で決められた接客用語）を発した瞬間に、他のスタッフを見るのです。

とりあえず、グリーティングは、そのお店のマニュアルで決まっていますから、他のスタッフも「いらっしゃいませ」と言いますが、ここに良し悪しの差が如実に表われます。

・**残念な（BADな）お店**：他のスタッフは、料理を運びながら、皿を洗いながら、お客さんを見ないで「いらっしゃいませ」と言う

・**良い（GOODな）お店**：他のスタッフは、料理を運んでいても、皿を洗っていても、一旦手を止めて立ち止まり、お客さんの顔を見て「いらっしゃいませ」と言う

これだけで、楽しく有意義な時間を提供してくれる良いお店なのか、それともただ何となく時間を過ごすだけの残念なお店なのかが判断できるのです。

たとえ、そのお客さんがどんなタイプで、どのような利用目的で来店しているかがわからなくても、最低限そのお店に興味を持ってもらわなければ、そのお客さんに楽しんでもらうことなど到底できるはずがありません。

もし、いままでスタッフがおざなりにグリーティングを口にしている場合には、そのお店は一度スタッフ全員で言葉の意味を確認し合い、チームワークを深めながら、スムーズで心のこもった接客サービスを実践するよう改めるべきでしょう。

こんな成功事例があります。

住宅街の近くにある海鮮居酒屋のS店は、客層も幅広いお店なのですが、お客さんの来店時には、入り口にいるスタッフの「いらっしゃいませ」が聞こえたら、その他のスタッ

フも全員でそのお客さんを見て「いらっしゃいませ」と声がけをしています。

実は、S店における「いらっしゃいませ」という言葉は、「スタッフ→お客さん」に向けられていると同時に、「スタッフ→他のスタッフ」にも向けられた合図（号令）でもあるのです。

つまり、「いらっしゃいませ」という言葉は、お客さんへの歓迎の気持ちが込められていると同時に、「新しいお客さんが来たからスタンバイしろ！」という他のスタッフへの合図となっているのです。この言葉を聞いたスタッフは直ちに、「全員でいまからお客さまへのストーリーサービスをスタートさせる」という臨戦態勢に入り、ご案内の用意、お通しの用意、おしぼりの用意、ファーストオーダーの準備にスムーズに入れるようにしているのです。

ですから、良いお店は、この「いらっしゃいませ」という言葉が聞こえた瞬間に、スタッフ全員が手を止めてお客さんを見ているはずです。なぜなら、これから始まるストーリーの主役を見なくて、ストーリーは演出できるはずがないからです。

このS店では、「いらっしゃいませ」のお客さんをお待たせしない「合図」が発せられたら、スタッフ全員でお客さんをお出迎えする「良いお店」として評判になっています。

グリーティング以外の指示が聞こえたら残念なお店

繰り返しになりますが、飲食店では、あらかじめ決められたグリーティングがあります。その代表例としては、８大用語と呼ばれるもので、「いらっしゃいませ」「少々お待ちください」「かしこまりました」「お待たせ致しました」「恐れ入ります」「失礼致します」「申し訳ございません」「ありがとうございます」です。

グリーティングというのは、一見、何気なく使われているように聞こえますが、その１つひとつに意味があるのです。前節で「いらっしゃいませ」については説明しましたので、ここでは、「いらっしゃいませ」と同様に最も代表的な「少々お待ちください」という言葉の意味について考えてみましょう。

この「少々お待ちください」にも深い意味があります。これは、お客さんをお出迎えしたスタッフが「いま、自分はお客さんをご案内できない」ということを他のスタッフに伝える言葉。この言葉が聞こえたら、他のスタッフの誰かが直ちにお客さんのもとに行って対応しなければなりません。

こうした行動は、様々なグリーティングをしっかりキャッチしていなければ実現できません。

このようにグリーティングには、いくつもの意味があるのです。他のスタッフは、この言葉を無視してはいけません。そして、グリーティングで会話をしていくのです。限られた言葉で、意思疎通ができるお店は、スムーズにサービスが進行するはずです。良いお店は、何気ない接客の言葉で、実はスタッフ同士が意思疎通を図っているのです。

したがって、「誰か案内して!?」や「お会計、お願いします」など、グリーティング以外の指示や、やりとりが聞こえたら、そのお店は残念なお店なのです。

入室と退室のお辞儀でサービスの良し悪しがわかる

誰しも、お辞儀の大切さは教わってきたことだと思います。

学生時代に経験する受験の面接、就職活動の面接などもそうです。みなさんも、「面接は最初の3分が勝負だぞ」と教えられた経験がありませんか?

社会人になってからは、お客さんにお会いするときの営業のお辞儀を、何度も何度も練習してきたでしょう。

ちょっとした挨拶は、15度、お礼や帰り際の挨拶は30度、そして最敬礼やお詫びは45度といった具合に、お辞儀にもいろいろあるわけです。

前のⅢ章でも述べたように、第一印象が後々にまで強く残る作用を「初頭効果」と言いますが、これに対して最後に得た印象が強く残ることを「新近効果」と言います。

例えば、映画を観た後、映画館から出るときに映画を一緒に観に行った同行者と話題にしているのは、映画の最後に出てきた話だったという経験があるでしょう? つまり、印象に残るのは最初と最後ということになります。ですから、前述したように「初頭効果」では入店後の最初の3秒や3分が勝負になるのに対して、「新近効果」では会計時が何よりも重要なサービスポイントになるのです。

ビジネスでも私生活においても初対面の相手と会う場合は、入室と退室のお辞儀が洗練されていれば、その印象が「良いイメージ」で記憶に残り、その後の人間関係にも大きく影響します。

そう考えると、最初の名刺交換、パーティーでのあいさつ、面接、家や会社を訪問するケース、商談などでは、最初と最後のお辞儀を含めた身のこなし方が大切で、そのための準備や訓練が必要でしょう。

いまからでも遅くはありません。もう一度、社会人になったばかりのときを思い出して、鏡の前に立って練習してみてはいかがでしょうか。

飲食店のサービスにおいても、このような「初頭効果」と「新近効果」が頻繁に見られるシーンが存在します。

それは、お店のスタッフが個室に入ってくるケースです。入室と退室のお辞儀でサービスの基本がわかるのです。リピートしたくなる良いお店は、お辞儀がしっかりしています。

お店の口コミは入り口で聞く

～入り口の前に立っていれば、そのお店の評判が一発でわかる～

「美味しかったね」「楽しかったね。また来よう」「意外に安かったね」「なんだ、あのスタッフ。気持ち悪いね～」「すごく混んでたなー」「肉の熟成、なんか違う!?」「バーテン、カッコ良かったよね」……。

これらはすべて、お店の評価です（ほんの一部ですが）。

さて、これらの評価の出所は「食べログ?」「口コミサイト?」。

いえいえ、もっと簡単にお店の口コミが聞ける場所があります。

それは、お店の〝入り口の外〟に立っているだけで、そのお店の口コミが聞けるのです。

お店の中は、まだお店側のテリトリーです。他でも述べているように、会計時にお客さんがお店に対して褒めてくれたり、クレームを述べたりすることもありますが、「高いな」「安いな」というお店の評価は、思っていてもなかなか口に出しづらいものです。

それは、会計のときにはまだお店のスタッフが目の前にいるからです。

しかし、会計を済ませた後、お店の外（お店のテリトリー外）に一歩でも出たら、一瞬にして気が緩み、思わず本音が出てしまうものです。ですから、お店の入り口の横で30分も立っていれば、そのお店を利用した直後のお客さんからお店の評価を聞くことができるのです。

みなさんも、お店に入るかどうか悩んだら、そのお店の入り口の横で、しばらく聞き耳を立ててみてください。

開店前の店頭も重要なチェックポイント

飲食店の店長の姿勢は、お店全体の良し悪しによく反映されます。そして、店長が特に注力すべき店頭は、お店の姿勢を映し出す鏡のようなもの。

開店してからではわからないことが、実は開店前の店頭に表われるものです。

お店側からしてみれば、お客さんがいるときは細心の注意を払ってはいるものの、いざ開店前だと気が緩むものです。この気の緩みが、お店の営業中にも連動してしまいます。

そうしたお店が多い一方で、繁盛している良いお店は、営業前からしっかり気持ちが入っているものなのです。

開店1時間前なのに、シャッターがまだ空いていない、ビールタンクやビールケース、食材が出しっ放し、前日の看板や旗も片づけていない、「準備中」の札や吊るしを表に出していない、店頭が清掃されていないなど、明らかに「これから開店するぞ！」という雰囲気すら出ていないようでは、お店のレベルはたかが知れています。

またお店の隅に、ほうきと塵取りが置かれていることがあります。置きっ放しにしておくこと自体も問題ですが、置く場所がない場合でも整理の仕方や置き方があるはずです。

「これぐらいは大丈夫だ」と思っていても、お客さんは意外に見ています。

「やらなくてもいいや」「このままでいいや」などと、いつの間にか意識や感覚がマヒして無頓着になってしまうことは、残念な飲食店の習慣病のひとつです。

また、普段よく使う小道具も、ときには大きな役割を果たすことがあるのです。

本来、ほうきや塵取りなどの清掃用具は、収納ＢＯＸなど、お客さんから見えない場所に収納すべきです。ただし、お客さんにどうせ見せるなら、おしゃれなほうきや塵取りにしてみるという手もあります。例えば、お店のコンセプトに合わせて、和のテイストや輸入品などの清掃用具を揃えれば、それらも立派なオブジェとなり得るのです。

加えて、商店街や駅前の飲食店であれば、お店が開いていない時間帯にもお店の前をたくさんのお客さん候補が通行します。したがって、営業外の時間にも、多くの人にお店の店頭が見られることを意識する必要があります。

この点から言えば、例えば、開店直前に店長が出勤してくるようなお店はやっぱり残念なお店。お店の規模や調理内容にもよりますが、仕込みや片づけ、清掃、セッティングなどに、ある程度の時間がかかるはずですから、遅くとも開店の２～３時間前にはお店に出勤してくるのが常識です。

実際に店長が営業開始直前に出勤してバタバタと開店するようなお店に入ってみると、店長の態度は偉そうだし、清掃もイマイチ、料理もできあい品、生ビールは美味しくない。ビールサーバーもきちんと洗浄していないのでしょう。店長もひたすら、お得意様らしきお客さんと世間話。入り口で待つお客さんのご案内も待たせっ放し。料理もいっこうに出てこない――。

「口ばかり動かすな！　黙って料理を出せ!!」と声を荒げたくなってしまいます。

繁盛している良いお店は、営業外の時間も宣伝の時間と考えて、店頭の清掃、ディスプレイの準備、看板やＰＯＰでのＰＲなど、お店を「良く見せる」演出に余念がありません。

つまり、良いお店は、営業外の閉まっている時間でも、お客さんと向き合うための準備をしっかりしているのです。

アルバイトが楽しそうに働いていたら良いお店

お客さんの「感動」と従業員の「歓働」は表裏一体です。

「ＣＳ（Customer Satisfaction：顧客満足）＝ＥＳ（Employee Satisfaction：従業員満足）」でなければなりません。

すなわち、良いお店は、「顧客満足」と同様に、「従業員満足」を大切にしています。

これは、従業員の幸せが第一であり、従業員が活き活きと働く環境があってこそ、お客さんを満足させるサービスを提供できるためです。　お店や企業のロイヤルティは、従業員である〝ヒトそのもの〟から生まれるのです。

少し前までの飲食業界では、とにかく安ければいいという風潮があり、「価格志向」でした。ファミレスや大手フランチャイズチェーンが急成長した時期のことです。大量に仕入れて安くつくって売るという「大量生産・大量販売」により、コストダウンが図られたのです。「コストダウン＝社会の正義」のように思われていた時代ですから、飲食業界もその波に乗っていたわけです。

しかし、社会が豊かになるにつれ、消費者は「人並み」や「横並び」を望まなくなってきました。こうなると、どこに行っても同じ店舗、同じメニュー、しかも味はまずまず、といった大手フランチャイズチェーン店に消費者は魅力を感じなくなり、その結果、ファミレスや大手チェーン店が大苦戦しているというのが現状です。

いまの消費者は「価格志向」から「価値志向」に変化したということが実はキーワード！

お客さんは、安いだけでなく、そこに様々な付加価値を求めるようになったのです。居心地の良さ、安心できるサービス、そのお店でしか味わえない味、こういうものを提供できる〝オンリーワン〟のお店をお客さんは求めているのです。

他の人が持っていないもの、できないことを求めるという志向は、飲食店などで働く従業員側にも見られるようになりました。生計のためだけに働くのではなく、いかに楽しく働き、そこに喜びを見出し、有意義な人生を送っていくか。そのようなところに、こだわる人が増えてきたのではないでしょうか。

だから、「CS＝ES」なのです。この考え方は、これからの飲食店やサービス業の店づくりには欠かせないものです。働く人が喜んで働いて、はじめてお客さんを喜ばせることができる。お客さんの満足度をグレードアップさせて喜びにつなげ、さらにそこから「感動」が生まれていくのです。

したがって、良いサービスのテーマは、顧客の「感動」と、働く者の「歓働」となります。

まず、お店のアルバイトなど、スタッフ自身が楽しく働けなければ、お客さんを楽しませることなどできません。スタッフが楽しそうに働いているお店は間違いなく、良いお店です。はつらつとした愛嬌のある女性スタッフ、元気で感じの良い男性スタッフ、かわいいおばちゃんのスタッフがいるお店は、その楽しい雰囲気がお客さんにも伝染するのです。

看板メニューが3つ以上あったら残念なお店

いわゆる「看板メニュー」が3つ以上あるお店は、間違いなく残念なお店です。

メニュー帳に「当店の名物」「おススメNO・1」「当店一押し」「人気NO・1」などのメニューが3つ以上書かれているお店がそうです。

看板メニューは、Ⅱ章でも触れたように、そのお店のメニューの「顔」です。看板メニューをつくるということは、メニューの「顔づくり」をするということです。

メニューの顔づくりは、繁盛への魔法みたいなもの。みなさんも「良いお店じゃないか」と最初に思うのは、この魔法にかかっているからかもしれません。

儲からないお店は、このメニューの顔づくりができないことが多く、ただ単に料理を提供する飲食店になってしまうから、苦しんでいるのです。

飲食店に行ったとき、メニュー帳を開くのは最初のほうだし、ネットでチェックするのは、内装イメージが最初だとしても、最終決定はメニューを見てから行なうのが普通ではないでしょうか？

飲食店は付加価値を売るビジネスですから、付加価値をメニューづくりでもアピールしなければなりません。

では、メニューの顔とは何でしょうか？

おそらく、「名物料理！」と答える人も多いのではないでしょうか？

メニューの顔だから↓「名物料理をつくる！」。このお決まりのパターンが必ずしもうまくいくとは限らないのです。

では、メニューの顔とはズバリ、次の２つに集約できます。

・売りたいオリジナルメニュー

・メニューそのもの（構成やイメージ）

そもそも「顔づくり」とは、他店と差別化を図るためのものです。

では差別化するには、どうすればいいのでしょうか？

名物料理などの看板メニューも、メニューの顔には違いはないのですが、それだけではありません。お店のイメージを伝えることができる、あるいは、つくることができるものです。

メニューの顔ぶれとしての例として、名物メニュー、主力メニュー、オリジナルメニュー、４番バッター、万能メニュー、季節限定メニューなどが挙げられます。まずは、これらをどのように売っていくかを考えます。

売りたいメニューには、イメージを伝える役割、利益を出す役割、売上に貢献する役割、外部に宣伝する役割があり、まさにメニューの顔になるものです。例えば、大リーグでいくら1番バッターが打ちまくって有名になっても、強くて人気のあるチームになるとは限りません。

では、実際の顔となり得るオリジナルメニューは、どのようにつくっていけばよいのでしょうか？

そのためには、まず自分のお店に必要な方向性、つまり、①何をウリにするか、②専門性を高める、の2点に注力することが必要です。

どこにでもある、日常的なメニューも安心感はあり、ファミレスや定食屋では普段食として食べやすいですよね。でも、「みんなで」「彼女と」「たまには親を連れて」というように、何かしら特別な思いで飲食店に行こうとする場合には、「そのお店でしか食べられない料理」を探したりしませんか？

少し別の角度から言えば、お店の用途をしっかり伝えるメニューが必要だということです。メニュー、すなわち料理そのものやメニュー全体の構成（商品構成）をしっかり生かすことです。そして大切なのが、お店の用途に合わせた「シーンの提案」を加えることです。何をウリにするのかを明確にするとともに、現代の時流のテーマもしっかりつかむ必要があります。

ここで、〝女性に支持される〟メニューづくりも重要です。いまの飲食店では、女性抜きでは繁盛メニューはつくれません。最近の女性の生活シーンの変化は、景気の変動以上に大きなビジネスチャンスを生みます。

例えば、「居酒屋だから、女性はムリ！」と諦めているようでは、黒字化はおぼつかないでしょう。女性を意識したメニューづくり、そしてサービス、内装デザイン、クレンリネスなどをトータルで、しっかり計画することが、いま要求されているのです。

他には、団塊の世代へのアプローチ、子育て中のママへのアプローチなども、いまの時流にあったテーマです。常にアンテナを張り、新しいテーマを意識しなければなりません。いずれにせよ、メニューでお客さんに〝シーン〟を提案できるお店は、厳しい飲食業界の中でも生き残れるのです。

これらを要約すると、「何を売る＝シーンの提案」ということです。

実は一般によく考えられている良策と言われる手法が、いつでも通用するとは限りません。お店というものは、同じものが2つとして存在しないからです。

ですから、すべてのお店に有効な同じメニューというものは存在しないのです。

お客さんが飲食店にやってくる動機は様々。必ずしも空腹を満たすためだけに飲食店を利用するわけではないのです。

自店の利用動機を魅力あるものにすることができれば、他店との差別化が図れます。そして、お客さんの利用動機に応えるお店の姿を考え抜いたメニューづくりが差別化には有効なのです。やはり、料理や飲み物が、飲食店という〝空間づくり〟において、本来の主役、つまり核心ということです。

ただし、すべての需要を満たそうというのはなかなか難しいので、用途を絞ってお店の特徴をハッキリ打ち出して、専門性を高めて売り出したいオリジナルの主体となる〝顔メニュー〟をつくるのです。

このように、看板メニューは大切な役割を持っているのに、3つもあったらお客さんに果たして、その役割をしっかり伝えられるでしょうか?

看板メニューが強力な4番バッターならば、その一品だけで売上も利益も十分上がります。また、仮に出塁率の高い1番バッターのようなメニューが3つもあったら、その3つだけで注文される料理のほとんどを占めてしまいますから、他のメニューが必要なくなるはずです。専門店ならば、そのようなこともあるかもしれませんが、一般のお店ではおそらくムリです。

というのは、こだわり、うんちくを並べ、「これもおススメです。あれもおススメです」とやられてしまうと、「結局、どれを食べればいいの?」とお客さんは迷ってしまうからです。

こういうお店はメニューだけでなく、運営全般に整理できていないと言えます。看板メニューが多いということは、いろいろなメニューに原価をかけてしまい、バランスが悪い、すなわち、経営センスも悪いのです。また、3つもつくれる看板メニューが存在していること自体、その看板メニューは大したものではありません。別にオーダーしなくてもよいのです。

ですから、やはり看板メニューは、ひとつであるべきです。

具体例を挙げれば、肉バル（お肉を食べながら、お酒を飲める飲食店）のステーキなどは看板メニューであり、集客用メニューとも言えます。その看板メニューは業態と関連し、イメージアップのため、コスト（原価）もかけています。お店としては割り切って出している面もあるわけです。そういうお店は、それ以外のサイドメニューで利益を出しています。

したがって、看板メニューが一品だけならば、そのメニューはCP（コストパフォーマンス）が良いはずで、良いお店です。

裏を返せば、お店にとって利益率の高いアルコールやサイドメニューを注文せず、看板メニューばかりを注文すれば、お客さんにとっては一番お得なのかもしれません。

美味しいお店は〝野菜〟を見ればわかる

どのような種類の野菜を料理に使用しているかでも、お店のレベルが如述に表われます。ズバリ、美味しいお店の条件は、「〝野菜〟が美味しいお店」です。そのお店が美味しいかどうかの判断、良し悪しの見極めは、一般の方ならどうしても、ステーキ、すき焼き、刺身などといったメインの料理で判断してしまうと思います。

それは、たいてい「美味しい＝ごちそう」というイメージを持ってしまっているからです。

「今日は素晴らしいホワイトアスパラガスよ！」「今日のピンクガーリックは美味しさを引き立てるね！」「カーボロ・フィオーリ・ヴェルディのパスタは最高！」とは、普通は言わないですよね。だから、メインの料理で判断してしまうのも致し方ないでしょう。

でも、なぜ〝野菜〟なのか。先ほど例を挙げた野菜は、とても一般家庭の主婦や、普段安い料理を出しているお店では、入手困難なものや、原価が高かったり、手間がかかるものばかりです。通常仕入れている市場や八百屋からでは手に入れられないため、直接、生産者や取り扱っている地方の業者さんからしか仕入れることができません。

それに対して、ブランド牛でも、ある程度ブランドの選択の幅を広げれば、比較的簡単に手に入るのです。誰でも黒毛和牛でも買おうと思えば肉屋に行って買えるのです。

しかしながら、野菜は種類もたくさんあり、良いものはなかなか手に入りにくいのです。普段から高価な野菜を取り扱っているお店は、手間を惜しまず、当然手づくりで、素材にこだわっているお店です。とても費用対効果を考えたら、チェーン店などではなかなか手が出せません。

ですから、「美味しいお店には良い（高い）野菜がある」と考えてもよいのです。野菜は脇役となることが多いと思いますが、脇役にまでこだわれるお店に、まずハズレはないのです。

スタッフの清潔感を見る

I章でも述べた「クレンリネス」が徹底されていないお店は論外です。最近の飲食店では、どこもクレンリネスはそれなりの水準です。10年ぐらい前までは、結構汚いお店も多かったのですが、クレンリネス、清潔感は、いまや飲食店の最低限の常識として浸透し、きれいなお店は当たり前になってきました。

では、清潔面からお店の良し悪しを見極めるために、どこでチェックするかと言えば、「店主のヒゲ」「スタッフの靴」の2か所です。

まず注目したいのは、店長のヒゲ。貫禄あるフレンチのシェフのように整えているならともかく、店長が不精ヒゲを生やしているお店は当然、すべてが雑。味つけや掃除など、オペレーションにも期待は持てません。儲かっていないお店ほど、人員不足で店長が忙しくしています。中には、ろくに風呂も入らず、ヒゲを剃る時間も気力もない店長がいます。お店に寝泊まりする店長もいますが、それは衛生面を無視した、飲食店としてあってはならない姿勢です。ごく稀に良いお店に運良く当たったと思っても、押しつけがましい持論を持った気難しい店主（店長）だったりすることもあります。

このように、残念なお店では、不精ヒゲがお客さんからどう見られるか、無頓着なのです。

そして次は、お店のスタッフが履いている靴を見てください。

これは本当に、お店によって様々です。信じられないかもしれませんが、お店のスタッフが出勤してきたそのままの靴で働いているケースが多いのです。また、サンダルを履いているスタッフも見かけます。小上がりが多いお店で、よく靴を脱いだり履いたりする必要がある場合は、サンダルも仕方ないかもしれませんが、その場合でも安全面を考えれば、脱げにくいサンダルをお店が揃えるべきです。

また、おしゃれなお店なのに、「なぜ、そんな靴なの？」ということが結構あります。なぜなら、多くのお店は、ユニフォームは用意しても、それぞれサイズが細かく変わる靴は、スタッフ全員のためにジャストサイズで用意することは簡単ではありません。

そのため、靴はお店の姿勢がそのまま出るポイントと言えるのです。

したがって、出勤するときに履いてきたサンダルや汚れたスポーツシューズでそのまま働くスタッフを見かけたら、残念なお店と言えるでしょう。

結局のところ、飲食店の評価はお客さんが決めるもの。良いお店は、お客さんからどう見られるか、どう思われるか、どう楽しんでもらえるかを必ず考えています。

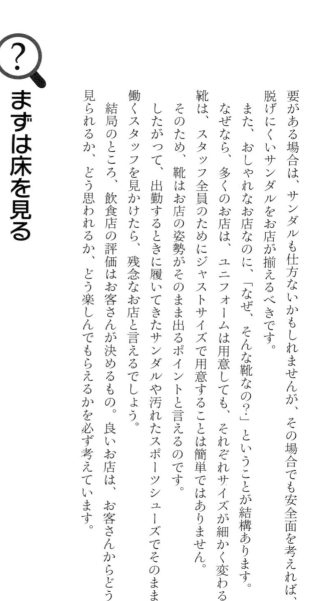

まずは床を見る

お客さんに支持される施設は、床がとてもきれいです。東京ディズニーリゾート、USJ、高級ホテル、老舗旅館、そして繁盛している飲食店などがそうです。筆者が主宰する

「カーヴ隠れや」は、壁が本物の土でできているため、多少の土が床に落ちます。そのため、床をきれいにするために、毎日の拭き掃除と毎月数回のニス塗りが必要です。少しでも手を抜くと、汚らしい。しっかりやれば、床が黒光りしてきれいに輝きます。やはり、床が黒光りしているお店のほうが同じチェーン店でも繁盛しています。

このように、オペレーションの基本は、お店の床にあるのです。床がきれいになれば、その他の場所も必然的にきれいになります。アメリカの小売店でも床の清掃を大変重視しているのは有名な話です。床がきれいになれば、壁や家具、調度品など他のところの汚れ、備品の整理整頓も気になるものです。加えて、ディスプレイ、ＰＯＰ、ユニフォームの汚れ、さらには醤油差しなどのカスター類という具合に、いろいろなところが次々に気になっていくのです。

これが、お店全体がきれいになっていく良いスパイラルなのです。

ちなみに、東京ディズニーリゾートでは、「ナイトカストーディアル（パークの深夜清掃業務）」によって、夜間のうちに赤ちゃんをハイハイさせられるレベルになるまで、床をピカピカに清掃しています。

トイレはここを見る

・「きれいにお使いください」はNG

トイレの壁に、よく「きれいにご使用ください」という張り紙が貼ってありますよね。

これは、残念なお店の典型例です。

トイレの張り紙は間違いだらけです。お店の紹介とか、コースメニューの紹介、地域情報などのＰＯＰが無造作にやたらと貼り出されていることが多いのですが、中にはスタッフ募集の張り紙まで貼りつけているお店もあります。あなたもトイレのＰＯＰを見て、うっとうしいと感じることってありませんか？

Ⅰ章で紹介したように、お店に対する要望の中でも、トイレへの要望は、特に女性客にとっては常に最上位に挙がるものです。ですから、飲食店にとって、トイレは細かいところまで注意を払いたい大変重要な空間です。できれば何も貼らずに、すっきりとした空間にしておきたいものです。

とはいえ、例えば、「ただいま、スロバキアワインフェア開催中」などというように、トイレのＰＯＰが効果的なケースもあります。ＰＯＰの一番の利点は、何と言ってもコストがかからない、またスペースの有効活用につながるということです。そして、トイレのPOPには自然と目が行くもので、お客さんが読み込んでくれる有効な宣伝ツールとも言えるのです。

では、どうすれば、お客さんを不快にさせずに、トイレでPOPをうまく活用できるかが問題になります。

そのためには、ただ押しつけ的にPOPを貼るのではなく、お客さんの興味を誘うポイントに絞って、POPの活用を戦略的に考えることが必要です。その秘訣としては、POPを見たお客さんに楽しさを直感的に感じさせ、かつお得な情報であるという説得力をPOPに持たせることです。卓上では宣伝しづらいことも、テーブルから離れた個室空間だからこそ、お客さんが関心を示す情報もあり、それをPOPに落とし込んでいくのです。

お客さんに要望や注意を呼びかけるだけの張り紙では、味気なく、それどころか快適性も落としてしまうのです。

・消臭スプレーや洗浄剤などがお客さんに見えるところに置いてある

お客さんが許せないことのひとつに、トイレで消臭スプレーや洗浄剤が目に見えるところに置いてあることが挙げられます。これはお店側の完全な怠慢です。

お客さんが使わないものを見えるところに置く必要はないし、美味しい食事や楽しい会話の途中でトイレに行ったときに消臭スプレーを見たら、せっかくお店に好印象を持っていたとしても、それが吹っ飛んでしまって不快になるお客さんもいます。

トイレの消臭スプレーや洗浄剤などは、お客さんから見えない場所に収納すべきです。

・手洗いの蛇口がしょぼい

トイレでは、ペーパーホルダーや手洗いボール、ゴミ箱などをお店のイメージと統一させるほうがベターです。これらについては、最近では、どのお店でも比較的気をつかっていますが、ただ、手洗いの蛇口が、手洗いボールに比べてシンプルで、ありふれた既製品を使用しているお店がほとんどです。最後まで統一感を出せているかどうかは、店づくりの思い入れが問われているところです。

おしゃれで特殊な蛇口は輸入品が多く、探すのに苦労するため、どうしても国内の既製品に頼ってしまうお店が多いのです。

蛇口がおしゃれなら、かなり本気で店づくりをしていると言えるので、良いお店である確率が高まります。

・トイレの床が清掃後に濡れている

I章でも説明したように、飲食店では、Q（質）、S（サービス）、C（清潔さ）が大事で、この3つが高いお店が繁盛すると言われています。さらに、いまはアトモスフィアのA（空間づくり）が要求されているのです。

トイレの床は清掃されているようでも、よく見ると水溜りが残ってしまっているようではダメ。ズボンの裾などが濡れてしまうので、お店のスタッフが思うよりも、お客さんには嫌がられます。「床だから多少は大丈夫」というような気の緩みは厳禁です。

なお、床に限らず、手洗いボールの周りなどに拭き残しがある場合には、最後まで気が回らない表われでもあり、そのようなところに良いお店はありません。

・ゴミ箱からゴミがあふれ出ている

トイレの清掃は、どれくらいの頻度で行なうべきでしょうか？

実際に多くのお店で清掃の回数は、夜間の営業で言えば、営業開始前の1回だけというケースが結構多いと思います。そうでなくとも、せいぜい2、3回といったところでしょう。あとは、お客さんが粗相を起こした都度、清掃するというのが一般的です。

でも実際、この回数では少なすぎます。これでは、とてもきれいで快適なトイレは維持できません。トイレはお客さんの使用状態によっては、ひどく汚れてしまう危険性があるのです。

要するに、トイレはお客さんが使用されるたびに、清掃まですることは難しいとしても、まめにチェックすることが必要です。だいたい目安として、1時間に2回程度はトイレチェックを行なうべきでしょう。

ゴミ箱からゴミがあふれ出ていたり、また手洗いボールなどに髪の毛が落ちていたりするお店をよく見かけますが、これは論外です。よくトイレのドアや壁に清掃担当表（チェック表）が貼ってありますが、もし貼ってあれば清掃を頻繁にしている可能性が高く、さらにこの清掃担当表で1時間に2回以上チェックを付けていれば、良いお店と言えます。

一方、清掃担当表がないようなお店なら、ゴミ箱を覗いてみましょう。そして、もしゴミがあふれていた場合には、営業中にせいぜい1、2回しか清掃していないので、残念なお店と言えるでしょう。

・トイレットペーパーが3分の1ぐらいしか残っていない

よく見ると、トイレットペーパーが少なくなっている場合があります。

トイレットペーパーは、トイレの〝快適性〟を演出するためには意外に重要です。ペーパーの残りが少ないと、トイレの使用感がお客さんに伝わってしまいます。

したがって、お店としては、常に残りが十分な状態を維持したいところです。

また、ペーパーの端が三角形に折られていたりすると、自分が使用する前に、清掃されたという目印にもなるので、お客さんに快適な印象を与えます。たかがトイレットペーパーと思わず、お客さんが必ず手に取るアイテムだということを認識しているお店は、気配りができる良いお店です。

・トイレが暗い

トイレには快適性が求められています。I章で、「女性客のトイレを使う理由　ベスト10」を紹介しましたが、そのランキング全体を見ても、「照明」がポイントになります。

女性客のトイレの用途として、化粧直しや着替えが上位であることを考えると、照明が暗いと化粧も着替えもしづらい。トイレの照明は明るいほうが良いのです。最近では、お店の雰囲気に合わせてトイレ内も暗めの照明にしている店舗を多く見かけますが、実際には、女性は雰囲気よりも化粧のしやすい明るい照明を求めているのです。

したがって、例えば、客席の照明を落として雰囲気を暗く演出しているにもかかわらず、トイレが明るいお店は、女性客のトイレの利用用途に対しても意識が高い、良いお店の確率が高くなります。

・化粧ポーチを置く場所がない

「化粧直し」が飲食店の女性の使い方の第1位となっている以上、照明の明るさだけでなく、鏡の前の手洗いボールの近くに、化粧ポーチなどを置くスペースがほしい、という要望が女性から出てくるのも頷けます（Ⅰ章参照）。

したがって、水が飛び散らない、鏡の前に立っても不便ではない辺りに、化粧ポーチが置けるスペースをさりげなく確保しているお店は、お客さんの細かい要望にも応えている、良いお店です。

縦割り、横割りの割引サービスをしていないか？

〝縦割り〟や〝横割り〟の安売りキャンペーンも良くありません。縦割りとは、例えば、「月曜日ドリンク半額」など、毎日ではなく、ある曜日限定のサービスを提供することです。

これは、「女性だけ」に限定されているとか、何かしらの大義名分があればまだ良いのですが、それでも一度安売りをしてしまうと元に戻しづらくなるので、安易に行なうべきではありません。そればかりか、効果もあまり望めません。

たとえ、月曜日の売上がキャンペーンで伸びたとしても、その反動で何もしない火曜日の売上が悪くなったりして、トータルの売上は意外にもほとんど変わらないのです。

だとしたら、やらないほうがマシでしょう。

繰り返しになりますが、そもそも、飲食店は「マックス商売」です。週末がお客さんであふれ返ってくると、評判が良ければ、平日にもお客さんが来てくれます。ですから、平日が弱いお店はその地域の特段の事情がない限り、まずは週末の集客に注力すべきです。週末でも、ろくなサービスをしていないお店に、平日にお客さんは来店しません。いきなり、月曜日を安売りにしても、ただでさえ弱い曜日にお客さんを呼べるはずがありません。

まずは、しっかり週末の運営を良くしましょう。お客さんがあふれ返るようになったら、平日も自然に売上が良くなるものです。

また、横割りとは、「夜7時まではドリンク半額！」というサービスです。これは立地特性に左右されますが、特定の時間帯にお店の前の通行量が多ければ集客につながるかもしれませんが、通行量が少ない立地の店舗では、ほとんど効果が期待できません。

もともと、横割りは、お客さんの少ない時間帯へアプローチを図るのが狙いですから、よほど効果的なキャンペーンを打ち出さなければ効果が出ませんし、それができるのであれば、それ以前に他の戦略がとれるはずです。

すなわち、ピーク時でも満席にはならないお店なのに、おそらくお客さんの来店が一番少ない夜7時までの時間帯に〝ドリンク半額の安売り〟をしても、あまり効果は期待できないのです。それよりも、より反響が出るピーク時をどう満席にするかを考えることが先なのです。

ですから、縦割り、横割りの割引サービスを行なっているお店は残念なお店と言えます。

オープンキッチンかどうか？

店舗の設備や構造の面では、どうでしょうか。

クローズドなホール型よりも〝オープンキッチン〟のお店のほうが比較的ハズレが少ないでしょう。

キッチンの衛生状態、調理の仕方が、常にお客さんの目にさらされているわけですから、自信がなければオープンキッチンにはできません。オープンキッチンにしている場合、良いお店の可能性が高いのです。

備品の管理でもわかる

飲食店では様々な備品が用意されています。お箸、ナプキン、塩入れ、ミルクピッチャーなど様々です。

まずは、箸立てや箸入れがあるお店は残念なお店です。

それは、個別に箸をセッティングせず、まとめて置くという手抜きと言えるからです。

飲食店には、お客さんが帰られると、「バッシング（片づけ）」と「セッティング（設置・配置）」をします。セッティングの作業には、カスター類の確認、シルバー類・箸・ナプキンのセット、楊枝や紙ナプキンの補充、テーブルクロスの変更、椅子やテーブルのセットなどがあります。

箸立てや箸入れは、箸のセッティングの手間を省こうとしているわけで、効率ばかりを求めて、サービスを放棄していると言えます。

カスター類もそうです。砂糖入れなどは、一日一回はチェックしないと、ダマになります。タバスコや醤油も注ぎ口を一回ごとにきれいにしないと、すぐに汚れて固まってしまいますし、量が半分以下になったらスペアーと交換しなければなりません。

こういう細かいサービスができていなければ、とても美味しい料理を出せませんし、気の利いたサービスなど提供できるはずがありません。

また、紙ナプキン入れも、お客さんが入れ替わるたびに、適正な準備を完了していなければなりません。

では、どのような状態が良いかと言えば、紙ナプキン入れに指1本入るくらいがベストな状態です。爪楊枝入れも、人差し指が1本入る程度に補充します。

これらも、まめにチェックをして、不足があれば補充しなければなりません。

したがって、備品の管理が悪いお店は残念なお店です。

灰皿にタバコの吸い殻が5本以上残っている

飲食店のホールスタッフは、あらかじめ決められているか、必要とされるサイドワーク（清掃、ステーションの整理、バッシング、カスター類の補充など）を常に意識して行なわなければなりません。

やるべきことがきちんとできているお店は、やはりお店の環境づくりもしっかりしているので、良いお店と言えるでしょう。

例えば、お客さんのテーブルをいつも完璧な状態（飲み物が十分入っている、灰皿は5本以上の吸い殻が入っていない、中間バッシングがきちんとできている状態）にしておかなければいけません。

もし、客席の灰皿にタバコの吸い殻が5本以上あったら、環境づくりが不十分と言え、残念なお店です。

Column

業態で見る繁盛店と残念店の見分け方

■ファミレス・定食屋はこう見抜く

読者のみなさんが小さいころから、おそらく最も頻繁に利用したであろうファミレス。そして、最近ではファミレスと使用方法がカブることが多くなってきた定食屋。

これらは、頻繁に利用するお店だからこそ、良いお店かどうかは、結構大きな問題です。

・最初にサラダ・野菜メニューを見る

サラダは、健康や栄養バランスを考えれば、頼みたいメニューでしょうし、肉料理や魚料理との組み合わせとしてもよく出るメニューです。ファミレスは特に家族客が多く、親としては子どもに食べさせたいのがサラダ。また、特に女性の場合、美容のためにもサラダは欠かせません。

そうです。サラダはファミレスや定食屋では欠かせないサイドメニューで、他のメニューとの組み合わせ率も50％を超える、売れ筋、TOP商品なのです。

ただ、ファミレスやチェーン店で「サラダは特に美味しくない」と感じたことはありませんか？

筆者は、サラダを注文するときには必ずドレッシングを抜いてもらいますが、ファミレスなどでは、なんと野菜の味がまったくしないことが多いのです。

一方、和食の高級店でサラダを食べると、それぞれの野菜をしっかり味わうことができて、ファミレスなどとの驚くまでの味の違いに気がつくと思います。

普段、気にしていない人も、今度野菜を食べるときには、ぜひドレッシング抜きでじっくり味わって食べてみてください。

ファミレスのサラダに野菜本来の味が感じられないのは、「次亜塩素酸ソーダ」で何度も洗浄され、美味しさも栄養素も抜けてしまっているからです。だから、濃い味のドレッシングをかけてごまかしているのです。もちろん、そのドレッシングも添加物がたくさん入った業務用です。

通常、チェーン店では、セントラルキッチンで処理されたものが各店舗に送られてきます。野菜は洗浄・カットされた状態で入ってくるのです。これは「カット野菜」と呼ばれ、カットしてからお客さんに提供されるまで時間がかかるので、その野菜類が傷まないように、次亜塩素酸ソーダで洗うのです。

次亜塩素酸ソーダは、人体に深刻な影響を及ぼす毒素はない、と一般的には言われていますが、日本ソーダ工業会によれば、以下のように指摘されています。

・腐食度はか性ソーダに匹敵し、酸性溶液に混じれば次亜塩素酸を遊離して皮膚、粘膜を刺激するものの、全身中毒はほとんど起こらない
・目に入った場合は激しい痛みを感じ、すぐ洗い流さないと角膜が冒される
・長期にわたって皮膚に接すると、刺激により皮膚炎、湿疹が生じる
・ミスト（飛沫など）を吸収すると気道粘膜を刺激し、しわがれ声、咽喉部の灼熱感、疼痛、激しい咳、肺浮腫が生じる。内服し

た場合、口腔、食道、胃部の灼熱、疼痛、まれには食道、胃に穿孔《せんこう》を生ずることもある

この指摘を見ると、「大丈夫」と言われても、ちょっと心配になります。

したがって、野菜本来の味がしない、そのわりにドレッシングの味が濃いものに当たれば、カット野菜を入れている確率が高く、残念なお店と言えます。

・フライメニューはここをチェック

フライメニューを食べて一口目で「妙に衣が硬いな」と思ったら、まず冷凍品と考えて間違いないでしょう。

フライの冷凍品は、なぜ衣が硬くなってしまうのか？

それは、フライの冷凍品は、衣をつけた状態で各店舗に運ばれてくるからです。

冷凍するためのパン粉はきめ細かくなります。また、乾燥したパン粉になるため、どうしても美味しさは犠牲にされてしまうのです。

さらに、大きくするために、パン粉を二度つける場合もありますから、なおさら硬くなるわけです。

したがって、フライメニューの衣がやたら硬いお店は残念なお店です。

■回転寿司はこう見抜く

お寿司屋さんと言えば、もうすっかり回転寿司のことを指すようになりました。

いまや、大将が面と向かって、握ってくれる〝立ち〟のお寿司屋さんは高級店を意味するようになり、庶民でも利用できるお店は少

なくなってしまいました。若い人では、もう昔ながらのお寿司屋さんを経験したことがないという人が半数を超えるようになりました。

さて、回転寿司業界でも、もはや競争の激化、多様化が進み、いよいよ消費者であるお客さんの選択眼が問われるようになってきました。

・まずは醤油を味わう

悪い回転寿司は、ネタの鮮度が悪くて味が抜けてしまっているのを醤油でごまかすということをしています。その醤油は調味料を付け足して、とても濃い味がします。

あるコンサルタントは、「焼肉はタレを、寿司は醤油をドボ漬け！」「とんかつはソースを食べるものだ！」と豪語していました。「タレ、ソースが命だ」と言うのです。この暴言からもわかるように、それだけ飲食店での素材が良いとは限らないということなのです。また、先のコンサルタントは「とんかつはソースを美味しくつくれば、とんかつそのものは大して気にしなくてもいい！」とも言う始末――。

一方、ネタが良い回転寿司では、醤油は薄めにして、ネタを引き立たせています。

なお、回転寿司では、さすがに多くはありませんが、居酒屋で出すお寿司のネタは真空パックということが多いのです。仮にサク（ブロック）で各店舗に入ってきたとしても、開店前に切り置きしてしまうので、当然、美味しいわけがありません。

ちなみに、醤油差しの注ぎ口をチェックしてみてください。口が大きい、ドボドボ出てくる醤油差しを使っているお店は、間違いなく醤油が濃く、ネタの質が悪くてお寿司の味も美味しくないですよ。

・イカを頼み、シャリを味わうと良し悪しがわかる

回転寿司チェーンが増えたことで、気軽に寿司を食べられるようにはなったものの、ネタの質はお店によって様々。そこで、そのお店のネタの良さ、すなわち鮮度を見極めるためには、イカを注文します。

よくイカの表面に縦や斜めに切り込みが入っていませんか？　それは、「見かけ」のためではないのです。

イカの表面には寄生虫の〝アニキサス〟が寄生することがあるので、生で出す場合は、その寄生虫を殺すために必ず表面に切れ込みを入れるものなのです。もしも、表面に切れ込みが入っていないようでしたら、そのお店は冷凍のイカを使っている、あるいは、最悪の場合、寄生虫がいることを知らない素人寿司屋ということになります。

実際に、病院の院長を務める知人から聞いたのですが、アニキサスが原因の食中毒などで病院に来る患者さんが年間に数人はいるそうです。結構、驚きますよね。

もうひとつ重要なのが〝シャリ（米）〟。どんなに良い新鮮なネタを使っても、シャリがダメだとまったく美味しくありません。そのお店の中で炊くのは基本です。それに、米のとぎ方、水、炊き方、酢の混ぜ方、寝かせ方、握り方、そしてネタとの相性のすべてがうまくマッチングされてこそ、美味しいお寿司は完成します。

中には、冷凍の酢飯を解凍して使うという

残念なお店も存在します。シャリにはかなり厳しい目で見ましょう。

お寿司屋さんも回転寿司が主流となりましたが、カウンター席で大将と向き合う〝立ち〟のお寿司屋さんにも、ぜひ行って本当のお寿司を味わってもらいたいですね。

■居酒屋はこう見抜く

ビジネスのコミュニケーションの場（飲み会）として利用する機会も多い居酒屋。個人店からチェーン店まで日本は「居酒屋天国」です。しかし、価格も料理もほぼ横並びのお店が多く、どのようなポイントで良し悪しを見極めればいいのか、何ともわかりづらい。

しかもチェーン店では、〝食の安全〟も指摘されている昨今、お店を選ぶポイントはどこなのでしょうか？

・「ねぎま」がない焼き鳥屋は、自店で刺してしない？

鳥とビールの組み合わせって、至高の幸せですね。ビールと一緒に焼き鳥で軽く一杯……。なんて幸せ。そんな焼き鳥屋にも、良いお店と悪いお店が存在し、決定的な見極めポイントが存在します。

それは、まず「ねぎま」があるかどうか。最近よく言われるようになってきましたが、これは昔から、いわば業界の常識です。

実は、加工された焼き鳥の主な仕入れ先は、タイを中心とした東南アジアです。鳥肉をカットして串刺しにされた状態で輸入されます。

また、冷凍食品の多くは焼かれた状態で輸入されるため、串に刺さったどの鳥肉もキレイで均一な形でカットされているものになります。そのような焼き鳥が出てきたら、冷凍の仕入品の可能性が高いと言えます。

一方、各店舗で串に刺す場合、肉の塊からひとつずつ手作業で切って刺すわけですから、形は不揃いになります。

ねぎまがあるお店は、冷凍品でない可能性が高まります。なぜなら、ねぎまに使われるネギは冷凍に不向き。だから、冷凍品はまずありません。ねぎまは自店で刺すしかないのです。

したがって、ねぎまがあるお店なら、安全で安心して食べることができるわけです。

一方、ねぎまがなくて鳥肉の大きさも形も見事に同じ焼き鳥が出てきたこら、そのお店は残念なお店ということになります。

加えて、焼き鳥は塩で注文するといいでしょう。塩で食べると肉の素材の味がよくわかります。もし、使われている塩にいわゆる「カド」が立っていれば、安い精製塩です。良い塩は、意外に高価ですから、塩にはお店の姿勢が出るのです。

ねぎまの次は、「レバー」です。レバーに塩味があれば新鮮な証拠です。レバーは特に鮮度に差が出るので、レバーにタレ味しかなければ、タレでごまかさなければいけないほど、鮮度に自信がないということになります。

また、お店で焼くところを覗いてみてください。角が立たずに全体的にヘナッとしていれば、その肉は鮮度の悪い古い鳥肉と言えます。新鮮な鳥肉は、張りがあって角がピンと立っています。

鳥肉は牛肉、豚肉とはちょっと違います。牛・豚はそれぞれ一定の熟成期間を経て、美味しくなりますが、鳥は絞めた日の12時間後から翌日ぐらいまでが美味しいのです。

・やっぱり生ビールをチェック

生ビールは居酒屋の価格のバロメーターです。言ってみれば、メーカーの違いだけで、各店で同じ商品をあからさまに販売している唯一のメニューだからです。

生ビールの評価基準は、「価格」「量」「味」の3つです。

価格と量はバランスで判断しますが、中ジョッキで、だいたい430~480㎖です。当然価格がいくら安くても、中身の量が少なければ仕方ありません。430㎖で430円より、480㎖で450円のほうが実質安くてお得です。しかも、ジョッキの型がわかりづらいので、パッと見、量がわかりません。

飲食店では、料理メニューはかなりお店によって違いがあるのですが、ドリンクメニューはなぜかあまり代わり映えしません。洋食系居酒屋でも和食系居酒屋でも、生ビールやサワー、カクテル、ワインと多少の割合は違っても、商品群は変わりませんし、カクテルのつくり方も、カクテルの素を混ぜてつくるだけという状況です。しかも、ドリンクの原価率は低く、お店にとっては稼げるメニューですので、できる限り一杯の量を減らして注文回数を増やしたいと思っているのです。グラスの容量と、氷の量でごまかすことも当たり前。グラスに少々飲み物が残っていたとしても追加オーダーをとって、〝残量を破棄〟なんてこともあからさまに考えているのです。

さて、生ビールの銘柄ですが、好き嫌いの問題は別にして、どこのメーカーのものかというのが結構重要です。特に、お店側としては生ビールにもブランド力を求めています。

実は、飲食業界では、まずビールメーカーを決めます。飲食業界では、1店舗1ブランドというルールがまだ一般的です。では、ビールだけをそのメーカーから仕入れればよいのかと言うと、そうではなくて、それぞれの酒類やその他のソフトドリンクなどもそのメーカーや系列のメーカーが扱っている商品を使用しないといけません。その代わり、お店には協賛という形で見返りがあります。この見返り欲しさのために、ドリンクは縛られてしまっています。

ですから、居酒屋でビールメーカーはどこでも良いのではなく、一緒にワインやハードリキュールを考慮して、ビール会社を選んでいることを認識すべきなのです。

では、単純にどこのビールメーカーが人気かと言えば、いままでのアンケートや筆者の経験に基づけば、女性にはサントリーのモルツ、男性にはアサヒビールです。居酒屋のビールブランドとしては、やはり「スーパードライ」の人気が絶大です。

また、ビールの味は、管理や注ぎ方でも変わってきます。

では、どこで見るかと言えば、ジョッキの壁面に〝エンジェルリング〟があるかないかです。つまり、生ビールを飲み進めると、ジョッキやグラスの上部に泡のリングが残りますが、普通なら、3、4層のリング状の泡が壁面に残ります。しかし、ジョッキの洗浄の仕方が甘かったり、悪ければ、このリングは残りません。

特に、ジョッキやグラスをスポンジで手洗いせず、食器洗浄機でまとめて洗うと、どうしても表面に汚れが残ってしまい、その汚れでエンジェルリングができなくなってしまうのです。

そして、サーバーとタンクの管理状態が重要です。サーバー自体も洗浄しますが、洗浄がしっかりされていない場合には、ビールに雑味が出てしまいます。あと、タンクは揺れと直射日光はダメ。

よく酒屋の車の荷台にカバーがかかっていますが、あれは日光を避けているためです。だから、ビールタンクを無造作に外に置きっ放しのお店は、まず管理ができていないと言えます。

このように、居酒屋の意識は、まず生ビールに表われると言っても過言ではありません。

要するに、生ビールがまずいお店は、料理も美味しいはずがない、残念なお店なのです。

・「お通し」でもお店の良し悪しがわかる

また、ビールなどと一緒に出てくる「お通し」も、お店の良し悪しの判断基準となります。お通しはお店側から押しつけられた料理ですから、なおさらジャッジが厳しくなるのです。

お通しは通常300円ぐらいが多いのですが、筆者が知る限りでは、一番高かったのが1200円。毛ガニを1杯そのまま提供していました。

お通しは、お店側からすると、席料の変わりになるもので、300円のお通しに対して、せいぜい原価は100円程度になります。確かに、売上(平均の客単価)の10%程度を占めるわけですから、あるとないとではお店の存続に関わるほど、このお通しというシステムはなくてはならないものです。

しかも、「こんなすごいお通しが出てくるんだ」「美味しいから普段のメニューにも取り入れてくれたらいいな」など、お通しの評判が良ければ、お店のイメージアップにもつながります。

にもかかわらず、他店と代わり映えのしない、お通しを見かけます。極端なときは、「別の居酒屋で食べたお通しと同じ？」ということがありませんか？　そのような場合、仕入れ品・できあい品の可能性が高いのです。

お通しは最初に提供する料理ですし、「初頭効果」にも大きな影響を与えます。「たかが、１００円の原価で何ができるの？」と考えてはいけません。お客さんは諦めつつも、意外に気にしているところがお通しなのです。

したがって、単に仕入れ品をお通しとして提供しているお店は、一手間を惜しんでいるわけですから、お客さんに対するサービス精神が感じられない、残念なお店です。

・枝豆は枝付きか？

これはもはや有名な話になっているかもしれませんが、「枝付き枝豆」を出しているところは良いお店です。冷凍の枝豆を使用していません。

また、枝豆の旬は春から初夏にかけてなので、旬の時期にしか枝豆を置かないお店は、素材にこだわっていると言えるでしょう。その証拠が〝枝付き〟なのです。

逆に、一年を通して枝豆を出せるということは、冷凍品を使っていることになり、そうなると枝は付きません。

冬に枝豆を出して、枝が付いていなければ、そのお店は残念なお店ということになります。

■ラーメン屋はこう見抜く

定番の人気のラーメン屋は明らかに、チェーン店より個人店に軍配が上がります。ラーメンほど好みが分かれる業態もないので、一概に判断するのは難しいところですが、やはり個人店のほうが美味しいお店である可能性は高いのです。

ラーメン屋は、3年で9割が撤退するという厳しいビジネスです。繁盛店は8坪で月商800万円にもなりますが、通常は100万円～150万円の売上です。よって、この激戦の業界で3年以上続いていれば、まずハズレがないと言えます。

チェーン店はそもそも、スープの味を均一化するためにスープやチャーシュー、麺までイチから手づくりするお店が少ないのです。

お店に入ったら、厨房に置いてある寸胴鍋の中身を何気なく覗いてみてください。これで、スープが手づくりか、できあいのスープなのか、もしくはできあいでも手を加えているかどうかがわかります。もし、鍋の中に豚骨や鶏がら、ネギなどの具材が浮かんでいれば、間違いなく自家製もしくは手を加えているスープということになり、良いお店です。

また、設備や構造面では、繁盛店ならお客さんがかなり入ってくるので、カウンター席の間隔を詰めています。この席数の設定は、開店時、工事のときから決まっているので、はじめて開業する自信のない経営者のお店は、はじめから席が少なく設定され、結果的に空間に余裕が出ます。自信があっても成功が難しい業界なのに、はじめから自信がないようでは、とても期待できません。

さらに、これはラーメン屋に限らず中華料

理店などでもそうですが、フロアの床が塩ビタイルのお店をたまに見かけます。これでは床が油でベタベタになります。一度でもラーメン屋や中華料理店の経営に携わっていれば、床が塩ビタイルだと清掃しにくいことを知っているはずですから、そのようなタイルを使用することはまずありません。

■喫茶店やBARはこう見抜く

喫茶店やBARの良し悪しは、氷の形を見ればわかります。通常の製氷機でつくる氷はキューブ型で穴が開いていますが、このタイプの氷は溶けるのがとても早く、ドリンクを薄めてしまいます。また、氷の形や量によって、溶け方のバランスが悪くなり、ドリンクの味に影響を与えます。すなわち、お店の姿勢が氷に表われるのです。

良いBARでは、ロックに球型の氷を使用します。これはつくる手間も技術も必要ですが、球型の氷は溶けにくくて、最後まで酒の味が薄まらないのです。アイスピックまでこだわった職人技で、気持ちも入っています。

それと、製氷機のメンテナンスを定期的に行なうお店はあまり見かけられません。製氷機内の製氷部分はたいてい不衛生になっているので、通常の製氷機でつくるキューブ型の氷はなるべく避けたいところです。なお、ドリンクバーによく置いてあるクラッシュ型の製氷機は、比較的まめにメンテナンスを行なっているので、少し安心かもしれません。

■ステーキ屋はこう見抜く

最近の肉ブームで、多様な肉を提供する飲食店が増えてきました。

ステーキ専門店、立ち食いのステーキ屋など、クラシカル、新業態のお店が増えています。ファミレスでも本格的なステーキなどが1000円未満で食べられるようになってきました。和牛などの国産牛に限らず、オージーやアメリカ牛などの輸入牛でも美味しく食べられるお店も増えて、かつてないほど、「肉」が盛り上がっています。

逆にスーパーなどでは、高級な牛肉も販売され、それに比例して輸入牛でも100gで500円ほどの結構高い値段で売られているのに、なぜ安く提供できる飲食店が存在するのでしょうか。

それは、肉は肉でも成形肉を使用しているからです。成形肉とは肉の切れ端や、いわゆる内臓などのクズ肉を固めたもの。要するに、ステーキに似せた固まりということになります。妙に柔らかったり、味が淡泊だったりしたら、それは成形肉かもしれません。

それを見破る方法は、ステーキを切った断面を見ることです。肉には繊維があるのですが、繊維の向きが全部揃っていれば普通のステーキ。繊維がタテ・ヨコ・ナナメと、ランダムな方向に入っている場合は、成形肉の可能性が高いのです。

そして、成形肉の場合は、食中毒の可能性が高まります。牛肉の場合は、表面に菌がつくことが多く、たいていは表面を焼けば菌は消滅しますが、成形肉の場合は、内部まで菌が残ることがあり、しっかり中まで火が通っていないと食中毒の危険性が上がります。

成形肉を使用しているお店は、味もリスクの面も、残念なお店と言えます。

■イタリアンはこう見抜く

イタリンアンであれば、たいていは冷凍品やできあい品はあまり使いませんが、ある料理については顕著に、できあい品を使用します。それは、ピッツァの生地とライスコロッケです。

ピッツァの生地は粉からつくると、粉のミキサーや窯が必要になって、結構コストが嵩みます。また場所も取られます。

最近は安くて誰でも焼けるように、ガスや電気の小型ピザ専用オーブンも増えてきましたが、やはり本格的な窯で焼くピッツァとは差ができてしまいます。

いまは冷凍生地もレベルは上がりましたが、配送時に割れてしまうので、良いナポリ風の生地はありません。どうしても、薄いクリスピー生地になってしまいます。

みなさんでも簡単に冷凍生地か否かは見抜けるので、クリスピー生地を出しているお店は要注意です。

コロッケもそうです。

結構、有名な話なので、ご存知の方もいると思いますが、コロッケ類で、とにかく甘いものは冷凍品です。

また、居酒屋だけでなく、イタリアンのお店でもライスコロッケを出すところがありますが、明らかに冷凍品の場合は、せっかくのイタリアンが興ざめです。

イタリアンは冷凍品をほとんど使用できないので、ライスコロッケは非常に少ない冷凍品のひとつということもあり、手抜きをするために飛びついてしまう、残念なお店も意外に多いのです。

Column

飲食店が許せない イマイチな男のマナーとは!?

■人を見るときは「飲食」で!

もはや仕事がデキるだけでは、一流のビジネスパーソンとして評価されない、成功しない時代となりました。

一流と言われるビジナスパーソンはマナーの常識もさりげなく身につけているもの。ビジネス書やビジネス系の雑誌でも、飲食マナーはよくテーマとして取り上げられています。

小宴会や飲み会など、飲食店が場となるビジネスチャンスが生まれる大事なシーンが増え、大きなポイントとなってきたからです。

実際、マナーがしっかりしていれば、周りから一目置かれるようになり、あれこれとチャンスが舞い込んでくるのです。

飲食の場でのマナーがよくテーマになるのは、「飲食」は、その人そのものを映し出してしまうから。

ビジネスパーソンにとって、社交の場と言えば、飲食店での会食、接待、パーティー、社内外宴会、飲み会といったところでしょう。

そもそも飲食のマナーはどうしても、子どものころからの躾がクセとして出てしまうので、意識を持って気をつけないといけません。

あなたは、同僚に、上司に、取引先にどう見られているのでしょうか? 気になりませんか?

ひょっとしたら、日々何気なくやっている飲食の場で、「二流」「三流」のビジネスパーソンとしてジャッジされているかもしれないのです。

■飲食店店長にビジネスパーソンのマナーについて聞いてきました！

このたび、接待で利用するような料理店や高級飲食店、ビジネスパーソンが上司や同僚とよく利用する居酒屋の店長30人に「ビジネスで利用する飲食店でのマナー」について、社内（上司同席）での宴会、飲み会編というカテゴリーに分けて、「超下流」「三流」「二流」の3つのレベルでジャッジしてもらいました。また、番外編として、「驚くべきレベルのマナー」についてもアンケート調査を実施しました。

飲食店では、年間何百もの宴会が繰り広げられています。それは、企業や団体（会社や部門が主催）が主体となって行なう大人数の「大宴会」と、ちょっとした友達同士などの少人数で行なう「小宴会」に分けられます。

また、宴会の内容も様々です。

そして、宴会というシチュエーションでは、いろいろな成功談や失敗談など、数々のドラマが生まれています。この飲食店での宴会の場から、政治が変わり、国が動き、また大きな商機や取引なども数え切れないほど生まれてきたことでしょう。

飲食店の店長は、その顛末を隅々まで見届けているのです。少し大げさかもしれませんが、宴会の守り人とも言うべき存在。様々な宴会を見比べられるからこそ、一流から超下流までのマナーがジャッジできるのです。

宴会とは、予定調和と偶発性の世界。いくら入念に計画を立てて準備をしても、当日に様々な出来事や事件が偶発的に起こり得ます。参加者はそれを理解して準備をし、お店側は様々な対応のケースを想定しておかなけ

飲食店が許せないマナー（社内宴会編）

超下流

- 部下が先に座っている
- 上司より提供時間が早い料理をオーダーする
- 座る位置を考えていない
- 何のお酒でも乾杯をするときにグラス同士を合わせて音を出す
- 料理の選択肢を用意していない
- 大皿料理をサーブするのを女性社員と決めつけている
- 自分が上司だと態度がデカくなる
- 相手が固辞しても２次会に連れていく
- 周囲にお伺いをせず、タバコを吸う
- 遅刻をする

三流

- 我を忘れて酩酊
- 誰もお店の前で待たない
- 高級店でワインをお酌する
- 頭にハチマキ
- 場を盛り上げる話ができない
- 「食べログ」などの口コミサイトに頼る
- 注文をするときにベルやボタンを連打
- 汁物、麺類を音を立てて食べる
- 料理やドリンクをこぼしてしまったときや、フォークやナイフを落としてしまったときに自分で対応する
- 上司の食べるペースに合わせないで、さっさと食べる
- 支払い方法や追加予算についてお店と打ち合わせをしていない
- 案内時、部下が上司の前を歩く
- 幹事なのに、２次会の用意をしていない
- 商談相手のタクシーの手配をしていない
- 上司のオーダーに合わせない
- 食事中、ちょくちょく席を外す
- 自社の関連する食材やドリンクを確認していない
- 喫煙席、禁煙席の確認をしていない
- お酌の順番を無視している
- お店のスタッフにからむ

二流

- ２次会の誘いを断る
- 深夜まで引っ張るのが宴会と思っている
- 周囲にお伺いを立ててタバコを吸う
- 自分を捨てきれない
- ワイングラスをくるくる回す
- 些細なことでお店のスタッフをすぐ呼び寄せる
- お店のスタッフに世間話を長くする
- 料理の提供が少し遅くれただけで催促をする
- お店のスタッフを呼びつけてからメニューを選ぶ
- 料理や人を撮影する
- 頬杖や肘を付く、腕組みをする
- 頻繁に髪をかき上げる
- ケース別のマナーを心がけていない
- 残した料理をお皿の隅にまとめていない
- 会計時に全員レジ前で待つ
- 食後の食器をむやみに重ねている
- ２次会は必ず女性のいるお店にする
- 酒の受け方を間違えている（ワインを注いでもらうときに手を添えるなど）
- おしぼりでいろいろなところをふき取る

番外！　驚くべきレベルのマナー

- 全員で、おしぼりで動物（ひよこ）をつくって帰った（しかも転がっていた）
- 卑猥な絵を描いて帰った
- ひたすら、一人で手酌で飲んでいた
- サラダボールを「伏せ丼」して帰った
- 会計時にテーブルに乗り、現金をばらまいた
- 無礼講が行きすぎて、上司にクダを巻く
- 場の空気を考えず、気になる女性を口説きまくる
- 服を脱ぐ（裸になる）
- 大遅刻。宴会終了５分前に到着
- 飲み会中、ずっと黙り込む
- デキない上司を、ここぞとばかり罵倒
- お店のスタッフに一発芸を強要

ればなりません。

当然一流のビジネスパーソンとなれば、どのような事態に直面しても、さらりと一流のマナーでやり過ごせるでしょう。

■宴会での「超下流」マナー

ここで、社内（上司同席）での宴会を検証してみましょう。アンケート調査の結果を見てみると、驚くべき結果が……。

現代の忙しいビジネスパーソンともなると、日常の職場の人間関係や仕事のストレスで、さぞ宴会ではストレスを発散して、多少のハメを外すケースがあることも予想の範囲内でしたが、実際に調査してみると、あまりにも多くの項目で「超下流」にジャッジされていたのです。

例えば、「身分が下なのに到着したら先に座っている」という若い社員が結構多いということ。昔なら、「三つ指ついて、入り口で上司をお待ちする」というような料簡は、ゆとり世代にはないのかもしれませんね。

「座る位置」は、マナーの基本であると同時に、宴会を盛り上げるうえでは、最も大切ではないかと思うのですが、これも「超下流」とジャッジされてしまう人たちはあまり意識していないようです。

宴会における配席の基本は、偉い人を上座（入り口から一番離れている場所）に座っていただくなどの一般的留意事項とは別に、誰をどこに座らせるかで宴会の盛り上がりに影響するので、よく喋る人とあまり喋らない人を混在させるなどの工夫をしておきたいもの。ポイントは、しゃべらない人を角に座らせないこと。孤立してしまう可能性があるためです。また、もともと仲の良い人同士はなるべく離しておく、女性陣の配席に（上司やオヤジの相手をずっとさせられないように）気を配る、というように、細かいところまで気をつけるなどが、一流のビジネスパーソンのマナーです。

また、「上司より提供時間が早い料理」を注文してしまうと、上司より先に料理が提供され、先には食べられないし、逆に上司に気をつかわせてしまう。決まった宴会メニューではなく、別々にオーダーをするときは、「提供時間」まで気をつかえてこそ、一流と言えます。

さらに、「大皿料理を取り分けるのを女性社員と決めつけている」、こんな場面がまだ多い日本の現状は少し悲しくなりますが、このような社交の場で女性を〝華〟としてキチンと扱うことはすでにグローバルスタンダードなのではないでしょうか。世界の一流のビジネスパーソンの間では、「か弱き者を守る！」のが常識です。女性に楽しんでもらえる環境や雰囲気を積極的につくるのが、一流のビジネスパーソンに必要な「おもてなし」の心。その心を持ってこそ、どんなビジネスでも「誠意と愛」を満たせる行為につながるものだと思います。

あと、どうも「自分が上司だと態度がデカくなる」人が多いようです。これも超下流のマナー。強い立場を利用して「偉ぶる」のはまさに超下流の証拠！

「番外！　驚くべきレベルのマナー」では、ここまでくると笑ってしまいますが、最近のマナー水準が急激に落ち込んできているのではないか、と心配になってしまいます。

「サラダボールを〝伏せ丼（丼を逆さに）〟して帰った」……、マナー水準の低下が筆者の想像を超えてきているのかもしれません。

「マナーなんて女、子どもが気にするもの」と思っていては、出世などままなりません。マナーは、コミュニケーションであり、人に対するセンス、思いやりだからです。

特に、宴会でのマナーは、自分をさらけ出すもの。宴会で他の人を楽しませて、いかにその場の空気を快適にするかという気持ちがないビジネスパーソンは、自身の成長に限界があります。そして、宴会マナーを軽視する人は、いずれ「とても損した」と痛感することになるでしょう。

いまの社会では、宴会でのふるまい方自体が、すでにビジネススキル。

だからこそ、多くの人に、宴会のための準備や仮説検証を通じて、一流のマナーと思われるような「宴会力」を高めてもらいたいのです。

氏家　秀太（うじけ　しゅうた）
1967年生まれ。ビジネスコンサルタント、空間プロデューサー、キャスターとして活躍中。フォロインプレンディ株式会社代表取締役社長、株式会社中央経営研究所取締役副社長、NPO法人フードビジネスマネージャー協会理事長。中小企業診断士、行政書士、宅地建物取引主任者、調理師の資格を持ち、経営行動科学学会、日本ビジネス実務学会、日本企業経営学会の会員。
人気飲食店やスウィーツをプロデュースするなど、手掛けた案件は2,000件以上。また、メディアでは「食文化の仕掛け人」「成功請負人」と称され、若者層、女性客のマーケティングには定評がある。
著書として『なぜレストランのメニューで３行目を選んでしまうのか？』（ディスカヴァー・トゥエンティワン）、『なぜかいつも満席の居酒屋のおやじがやっている「つかみ方」』（扶桑社）、『儲かっているラーメン屋は朝8時に掃除する！』（宝島社）、『10人中9人に嫌われると成功する究極のリピーター獲得術』（ぱる出版）など多数。

１％の人《ひと》だけが知《し》っている飲食《いんしょく》の行動心理学《こうどうしんりがく》
パスタは黒《くろ》いお皿《さら》で出《だ》しなさい。

2016年５月１日　初版発行

著　者　氏家秀太
発行者　吉田啓二

発行所　株式会社日本実業出版社　東京都文京区本郷３－２－12 〒113-0033
大阪市北区西天満６－８－１ 〒530-0047
編集部 ☎03-3814-5651
営業部 ☎03-3814-5161　振　替　00170－1－25349
http://www.njg.co.jp/

印刷／壮光舎　製本／共栄社

この本の内容についてのお問合せは、書面かFAX（03－3818－2723）にてお願い致します。
落丁・乱丁本は、送料小社負担にて、お取り替え致します。

ISBN 978-4-534-05384-8　Printed in JAPAN